Irina Falkenberg · Paul McGhee · Barbara Wild

Humorfähigkeiten trainieren

Humorfähigkeiten trainieren

Manual für die psychiatrisch-psychotherapeutische Praxis

Irina Falkenberg, Paul McGhee, Barbara Wild

Mit einem Geleitwort von Martin Hautzinger

Zusätzlich zum Download unter
www.schattauer.de/falkenberg-2820.html
Arbeitsmaterialien
zum Thema „Stress mit Humor bewältigen"

Bibliografische Information der Deutschen Nationalbibliothek
Die Deutsche Nationalbibliothek verzeichnet diese Publikation in der Deutschen Nationalbibliografie; detaillierte bibliografische Daten sind im Internet über http://dnb.d-nb.de abrufbar.

Besonderer Hinweis:
Die Medizin unterliegt einem fortwährenden Entwicklungsprozess, sodass alle Angaben, insbesondere zu diagnostischen und therapeutischen Verfahren, immer nur dem Wissensstand zum Zeitpunkt der Drucklegung des Buches entsprechen können. Hinsichtlich der angegebenen Empfehlungen zur Therapie und der Auswahl sowie Dosierung von Medikamenten wurde die größtmögliche Sorgfalt beachtet. Gleichwohl werden die Benutzer aufgefordert, die Beipackzettel und Fachinformationen der Hersteller zur Kontrolle heranzuziehen und im Zweifelsfall einen Spezialisten zu konsultieren. Fragliche Unstimmigkeiten sollten bitte im allgemeinen Interesse dem Verlag mitgeteilt werden. Der Benutzer selbst bleibt verantwortlich für jede diagnostische oder therapeutische Applikation, Medikation und Dosierung.
In diesem Buch sind eingetragene Warenzeichen (geschützte Warennamen) nicht besonders kenntlich gemacht. Es kann also aus dem Fehlen eines entsprechenden Hinweises nicht geschlossen werden, dass es sich um einen freien Warennamen handelt.
Das Werk mit allen seinen Teilen ist urheberrechtlich geschützt. Jede Verwertung außerhalb der Bestimmungen des Urheberrechtsgesetzes ist ohne schriftliche Zustimmung des Verlages unzulässig und strafbar. Kein Teil des Werkes darf in irgendeiner Form ohne schriftliche Genehmigung des Verlages reproduziert werden.

© 2013 by Schattauer GmbH, Hölderlinstraße 3, 70174 Stuttgart, Germany
E-Mail: info@schattauer.de
Internet: www.schattauer.de
Printed in Germany

Projektleitung: Sabine Poppe
Lektorat: Birgit Albrecht, Berlin; www.redaktion-albrecht.de
Umschlagabbildung: Smileys © hladkymartin – Fotolia.com
Umschlaggestaltung: Medienfabrik, Stuttgart
Satz: Fotosatz Buck, Kumhausen/Hachelstuhl
Druck und Einband: AZ Druck und Datentechnik GmbH, Kempten/Allgäu

ISBN 978-3-7945-2820-2

Geleitwort

»Über die Zeit nimmt die Seele die Farbe der Gedanken an.«
(Marc Aurel)

Dieser Satz fasst in knappster Form zusammen, wie Erziehung, Sozialisation, Beziehungen, Schule, Lebenserfahrungen unsere Persönlichkeit, unsere Empfindungen und spontanen Regungen »einfärben«. Natürlich wissen wir heute, dass es auch genetische und andere biologische Einflüsse gibt, die das Wesen einer Person, ihr Verhalten und ihr Denken prägen. Dennoch lassen sich selbst hart verdrahtete neurobiologische Strukturen und über Jahrzehnte festgefügte Gewohnheiten im Empfinden, im Denken und im Verhalten durch neue Erfahrungen, veränderte Einstellungen (Gedanken), Neulernen und Training beeinflussen. Manchmal sind es überraschende, paradoxe Erlebnisse, die grundlegende Wirkungen haben. So wird von dem berühmten Psychotherapeuten Milton Erickson berichtet, dass er eine jüngere, alleinlebende, depressive, inzwischen hoffnungslose, phasenweise sogar suizidale Patientin in Behandlung hatte. Diese berichtete ihm mürrisch und pessimistisch von ihren frustrierenden Erfahrungen, Problemen und Enttäuschungen in Beziehungen und im Umgang mit anderen Menschen. Sie litt darunter, dass all ihre bisherigen Beziehungen nach kurzer Zeit zerbrachen bzw. gar nicht zustande kamen. Selbst von ihren Arbeitskollegen werde sie ausgegrenzt, gemobbt, nicht beachtet. Sie ist überzeugt, dass dies an ihrem abstoßenden Äußeren und ihrer Art liege. Sie macht dafür vor allem ihre von Kindheit an krummen Zähne und ihre Zahnlücke verantwortlich. Dieser »Geburtsfehler« habe sie schon als Kind und in der Schule zur Außenseiterin gemacht. Erickson geht mit ihr auf den Hof und bittet die Patientin den Mund mit Wasser zu füllen und durch die Zahnlücke hindurch einen bestimmten Punkt zu treffen. Nach wiederholtem Üben gelingt ihr das. Als die Patientin eine gewisse Fertigkeit und Sicherheit darin erworben hat, gibt er ihr den Auftrag, den Kollegen, mit dem sie das Büro teilte, plötzlich und unerwartet mit Wasser durch die Zahnlücke hindurch zu bespritzen, keine weitere Erklärung abzugeben und den Raum zu verlassen. Da die Patientin nichts zu verlieren hatte, ließ sie sich darauf ein. Zu ihrer Überraschung ergab sich nach dem »Wasserspritzer« erstmals ein längeres Gespräch mit dem Kollegen und in der Folge sogar eine engere Beziehung.
Angesichts der Macht von überraschenden Wendungen und erfahrungswidrigen Erkenntnissen, von paradoxen Effekten und damit von Humor überrascht es,

dass diese Art der »Therapie« nicht viel verbreiteter ist und als »evidenzbasierte Behandlung« bei vielfältigen psychischen Beeinträchtigungen gilt.

Humor als Lebensfertigkeit ist wichtig, um sich selbst in schwierigen Situationen aufzuheitern, Ärger, Frustration und Resignation zu vermeiden. Humor ist ein sozial förderliches Agens, das den Zugang zu anderen erleichtert, den Kontakt fördert, Irritationen behebt, andere positiv für einen einnimmt. Humor reduziert »Stress«, nimmt darüber günstigen Einfluss auf die Gesundheit und fördert das Wohlbefinden. Wer Humor als Fertigkeit besitzt, kann sich leichter von eigenen Fehlern und Schwächen, doch auch von Misserfolgen und von außen kommenden Belastungen distanzieren. Humor erzeugt ein Gefühl von Kontrolle und Selbstwirksamkeit. Hilflosigkeit und Pessimismus, wodurch auch immer ausgelöst, sind gesundheitsgefährdend. Humor trägt zur Überwindung von Selbstzweifeln, den Selbstwert untergrabenden Attributionen bei. Humor fördert Optimismus, eine Eigenschaft, die sich mehrfach als mächtiger Prädiktor für Wohlbefinden, Gesundheit, Überwindung von Krankheiten, ja sogar Langlebigkeit bestätigt hat. Mit diesem Buch und den dazugehörenden Materialien liegt (endlich) ein Training der Humorfertigkeit vor, das helfen kann, mit Belastungen, Anspannungen, negativen Emotionen, Schmerzen, Frustration, Nervosität, Resignation und Verzweiflung umzugehen, diese abzubauen und zu regulieren. In diesem Buch heißt es »Was die Seife für den Körper ist, ist das Lachen für die Seele«. Diesem (jüdischen) Sprichwort kann ich nur zustimmen. Pessimismus, Zweifel, Niedergeschlagenheit, Wut, Ärger werden nicht durch Reden und ausführliche Analysen, sondern durch Training alternativer Fertigkeiten (»üben, üben, üben«) und die Erprobung neuer Handlungen (»Humor«) dauerhaft verändert (»neu eingefärbt«).

In gleicher Weise wie man Fitness, Tanzen, Kochen, Genuss und andere wichtige Fertigkeiten trainieren kann, kann man auch Humor lernen und dann als gesundheitserhaltende neue Bewältigungsstrategie im Alltag einsetzen. Der Mangel an wissenschaftlicher Evidenz über die Wirkmechanismen soll nicht davon abhalten, diese Lebensfertigkeit Patienten mit den unterschiedlichsten Erkrankungen und in den unterschiedlichsten Lebensabschnitten beizubringen. Für mich ist es eine wichtige, kreative und hilfreiche Ergänzung von ambulanter und stationärer Psychotherapie, die wie jede psychologische bzw. medizinische Maßnahme ihre Indikation, ihren richtigen Rahmen, ihren richtigen Zeitpunkt und ihre richtige Passung zu einem bestimmten Patienten braucht. Dieses Buch liefert dazu reichhaltig Informationen, konkrete Anleitungen und herrliche Beispiele. Es ist ein wahres Vergnügen, dieses Buch zu lesen und dann in der Klinik umzusetzen.

Tübingen, im Frühjahr 2012 **Prof. Dr. phil. Martin Hautzinger**
Psychologisches Institut der Eberhard-Karls-Universität Tübingen, Abteilung Klinische Psychologie und Psychotherapie

Vorwort

Muss wirksame Medizin wirklich immer bitter schmecken? Ist es nicht auch möglich, Probleme spielerischer und mit mehr Leichtigkeit anzugehen und dennoch zu einer guten Lösung zu kommen?
In der Einzel- und Gruppentherapie psychischer Störungen tritt, unabhängig von der jeweiligen Diagnose, immer wieder die Situation ein, dass Patienten mit stets wiederkehrenden, gleichartigen Schwierigkeiten zu kämpfen haben und sich nicht davon lösen zu können scheinen. Da gibt es die Patientin, die in Partnerschaften immer das Gefühl hat, von Männern bevormundet und ausgenutzt zu werden, und die sich dennoch immer wieder dieselben Partner sucht. Oder den Patienten, dessen Neigung zur Unordnung und Desorganisiertheit ihn immer wieder in Schwierigkeiten bringt, weil er wichtige Termine und Fristen verpasst, dem es aber nicht gelingt, auch nur einen einfachen Terminkalender zu führen. Oder aber die Patienten, deren Angst sie davon abhält, mit anderen Menschen angenehme und bereichernde Kontakte aufrechtzuerhalten, weil sie nicht wissen, wie man das macht. Dies kann erhebliches Leid schaffen, weil es oft schwer ist, Ansatzmöglichkeiten für eigenes Handeln oder Veränderungen aus eigener Kraft zu sehen, und die Situationen festgefahren erscheinen.
Dies sind klassische Ausgangspunkte für eine Psychotherapie, sowohl in der kognitiven Verhaltenstherapie wie auch in der tiefenpsychologischen Behandlung. Oft geht es um eine Umbewertung, um die Fähigkeit, altbekannte Situationen aus einer neuen Perspektive heraus zu betrachten und entsprechend neue Lösungswege auszuprobieren. Genau dies fällt Menschen mit Humor leichter als ohne.
Aber was ist mit Menschen, die humorlos sind? Wir sind der Meinung, dass jeder Mensch auf seine eigene Weise Humor hat, dass dieser Humor nur manchmal durch Ängste, Depression oder andere Lebensumstände verschüttet worden ist. Diesen Humor wieder hervorzuholen und aufzupolieren, darum geht es in diesem Manual.
Wir wissen aus unserer Erfahrung mit dem vorliegenden Training von Humorfähigkeiten, dass dies in der Tat möglich ist und darüber hinaus bei den Patienten auf sehr positive Resonanz stößt. Und das, obwohl das „ernsthaft" therapeutische, d. h. strukturierte und zielorientierte Vorgehen auch in diesem Programm nicht zu kurz kommt.
Das Training von Humorfähigkeiten soll das Repertoire an therapeutischen Interventionsmöglichkeiten erweitern und dem Umstand Rechnung tragen, dass die

Patienten, denen wir in unserer täglichen Arbeit begegnen, nicht nur Probleme und Defizite haben, sondern auch Ressourcen, die gefördert werden können. Humor ist eine solche Ressource, deren Förderung zwar auch einen gewissen Einsatz erfordert, aber auch viel Freude bereitet – sowohl den Patienten als auch den Therapeuten.

Marburg, Wilmington (USA) und Tübingen,   **Irina Falkenberg**
im August 2012   **Paul McGhee**
      Barbara Wild

Anschriften der Autoren

Dr. med. Irina Falkenberg
Philipps-Universität Marburg
Klinik für Psychiatrie und Psychotherapie
Rudolf-Bultmann-Str. 8
35039 Marburg
falkenbe@med.uni-marburg.de

Paul McGhee, PhD
President The Laughter Remedy
3140 Wilmont Dr.
Wilmington, DE 19810
USA
paulmcghee@verizon.net

Prof. Dr. med. Barbara Wild
Fachärztin für Neurologie und Psychiatrie, Psychotherapie
Wilhelmstr. 8
72074 Tübingen
barbara.wild@med.uni-tuebingen.de

Inhalt

Einleitung 1

1 **Theoretischer Hintergrund** 4
   1.1 **Humor** 4
        Definitionen 4
        Begriffsgeschichte 5
        Facetten und Funktionen von Humor 6
        Formen des Ausdrucks von Humor 7
        Sinn für Humor: Die Charaktereigenschaft 8
   1.2 **Einfluss psychischer Störungen auf den Sinn für Humor** 9
        Depression 9
        Burnout 10
        Schizophrenie 11
        Angststörungen 12
        Andere psychische Erkrankungen 14
   1.3 **Training von Humorfähigkeiten** 15
        Sinn für Humor kann man trainieren 15
        Humortrainings mit gesunden Versuchspersonen 15
        Humor-Interventionen mit Patienten 17
        Einordnung in Bezug auf andere psychotherapeutische
        Verfahren 19
   1.4 **Besonderheiten beim Training mit Patienten mit psychischen Störungen** 20
        Indikation und Setting 20

2 **Praktische Anwendung** 23
   2.1 **Voraussetzungen** 23

    2.2 Ablauf der Sitzungen 25

    2.3 Durchführung 26

        1. Sitzung: Sinn für Humor hat jeder – ich auch! 26

        2. Sitzung: Ernsthaftigkeit im Endstadium? Der Wert einer
           spielerischen Haltung 33

        3. Sitzung: Witze erzählen und lachen 38

        4. Sitzung: Mit Worten spielen und Humor entstehen lassen . 46

        5. Sitzung: Alltäglicher Humor 53

        6. Sitzung: Über sich selbst lachen lernen 59

        7. Sitzung: In Stresssituationen den Humor nicht verlieren . . . 65

Anhang 75

    Folien 77

    Karteikarten 97

    Spielekiste 109

    Literatur 121

    Internetlinks 128

Einleitung

Humor trainieren? Die wenigsten Menschen fragen, ob das sinnvoll ist, vielmehr wird bezweifelt, ob das überhaupt funktioniert! Aber warum sollte es nicht funktionieren? Humor ist nicht eine Eigenschaft, die man hat oder nicht hat, wie blaue Augen oder blondes Haar (und selbst daran kann man notfalls etwas verändern). Im Gegenteil, der Humor entwickelt sich genauso wie die Sprachfähigkeiten: Kleine Kinder finden es lustig, wenn etwas herunter fällt oder nicht zusammenpasst – ihre Eltern, nach vielen Jahren »Humorerfahrung«, nicht mehr unbedingt. Da hat sich etwas verändert, entwickelt, und vielleicht auch verfeinert.
Das Vorhandensein solcher unterschiedlicher Humorvorlieben führt aber auch zu einem zweiten Einwand gegen ein solches Training: Humor ist etwas ganz Individuelles, der eine lacht über Witze, die der andere nur blöd findet: Wie kann man das dann gemeinsam üben? Nun, es geht in diesem Training nicht darum, einzelne Witze auswendig zu lernen.
Inhalt des Trainings von Humorfähigkeiten ist vielmehr, sich z. B. am Anfang mit seinen individuellen Humorvorlieben und mit der eigenen »Humoranamnese« zu beschäftigen: Wie wurde in der Familie mit Humor umgegangen, welche Rolle hat Witziges in der Jugend gespielt, wann und mit wem kann man aktuell humorvoll sein und worüber lacht man? Um humorvoll sein zu können, braucht man auch eine spielerische Haltung, eine Freude am Ausprobieren. Dies wird in der zweiten Sitzung des Trainings beleuchtet und geübt. Danach geht es dann tatsächlich um Witze, sowohl praktisch, denn das Erzählen von Witzen kann man üben, als auch theoretisch, denn wie wir alle wissen, ist nicht jeder Witz zu jedem Zeitpunkt willkommen und es lohnt sich z. B. auch, über Unterschiede zwischen selbstentwertenden und selbststärkenden Witzen nachzudenken. Häufiger als Witze spielen im täglichen Leben aber Wortspiele eine Rolle als Auslöser von Heiterkeit und Ausdruck von Humor und auch das lässt sich üben. »Humor für Fortgeschrittene« ist in den letzten Sitzungen gefragt: Humor im Alltag zu entdecken, über sich selbst lachen zu können und in Stresssituationen den Humor nicht zu verlieren. Dabei ist es sehr hilfreich, wenn das Training in einer Gruppe stattfindet. Es ist leichter, im Nachhinein, beim Erzählen in der Gruppe, in einem negativen Erlebnis doch noch etwas Witziges zu sehen. Und selbst wenn einem das nicht gelingt, dann hat meist jemand in der Gruppe eine Idee, wie man das Erlebnis humorvoll betrachten könnte.

Eine wichtige Rolle beim Training von Humorfähigkeiten spielt auch, zunächst einmal die Aufmerksamkeit auf den eigenen Humor zu richten. Dieser ist im Alltag und gerade bei Menschen mit psychischen Problemen oft in den Hintergrund getreten. Er kommt vielleicht noch zum Vorschein, wenn man alte Freunde trifft, aber nicht am Arbeitsplatz und schon gar nicht beim Doktor in der Klinik. Da kommt dann auch eine zweite wichtige Funktion des Humortrainings ins Spiel: zu sehen, dass es durchaus akzeptabel, ja sogar hilfreich ist, auch in schwierigen Situationen Humor zu bewahren. Viele Menschen müssen sich erst einmal die Erlaubnis geben, auch dann noch spielerisch zu sein, nach verstecktem Humor zu suchen.

Aber natürlich kann gerade in schwierigen Situationen, z. B. beim Angsttraining oder in Konflikten, Humor sehr hilfreich sein. Humor kann als eine Ressource im Sinn der Positiven Psychologie betrachtet werden, die hilft, das Leben zu meistern. Dabei hat der Humor, also die Fähigkeit, sich selbst und andere zu erheitern, nicht nur eine z. B. von Angst ablenkende Funktion. Es geschafft zu haben, den anderen zu erheitern oder selbst lächeln oder lachen zu müssen, braucht gar nicht viel kognitive Verarbeitung, sondern fühlt sich einfach gut an.

Wenn man ehrlich ist, dann ist das natürlich ein Effekt, der auch die wissenschaftliche Beschäftigung mit Humor besonders erfreulich macht: Als wir (Irina Falkenberg und Barbara Wild) z. B. 2005 in Tübingen eine Summerschool zum Thema Humor und Lachen organisierten, gab es auch viel zu lachen. Und nicht umsonst empfiehlt Reddemann (2003) Psychotherapeuten die Pflege des eigenen Humors als Teil der persönlichen Psychohygiene.

Das hier vorgestellte Training von Humorfähigkeiten basiert auf dem »Seven Humor Habits«-Programm von Paul McGhee (McGhee 2010a, 2011). Die Struktur dieses Programms, also die sieben »Humorgewohnheiten«, ist auch im hier vorgestellten Training enthalten, weil damit die wichtigsten Facetten von Humor abgedeckt sind. Wir haben allerdings in unserer Arbeit mit deutschen Patienten die Inhalte, d. h. z. B. die von McGhee verwendeten Witze, Bonmots und Übungen für die Anwendung bei einer deutschsprachigen Klientel modifiziert, denn natürlich gibt es kulturelle Unterschiede zwischen den USA und den deutschsprachigen Ländern. Das ursprüngliche Training von McGhee war außerdem für psychisch gesunde Menschen gedacht und ließ sich deshalb nicht eins zu eins auf den Einsatz im psychiatrischen/psychotherapeutischen Rahmen übertragen.

Dieses Buch richtet sich einerseits an Therapeuten, die für psychiatrische, psychosomatische oder psychotherapeutische Patienten ein Training von Humorfähigkeiten anbieten wollen. Natürlich lassen sich die hier vorgestellte Sitzungen aber auch mit psychisch gesunden Teilnehmern durchführen. Das ursprüngliche Buch von Paul McGhee war auch für ein Selbst-und Einzeltraining gedacht. Und falls Sie, liebe Leserin, lieber Leser, Ihren Humor selbst verbessern wollen, spricht natürlich nichts dagegen – in der Gruppe macht das Ganze aber mehr Spaß.

Wir haben der Beschreibung des Trainings auch einen theoretischen Teil vorangestellt, der sich unter anderem mit dem, was man über Humor bei psychiatrischen Patienten weiß, beschäftigt. Lesern, die sich noch umfangreicher mit der Frage, welchen Platz Humor in der Psychiatrie und Psychotherapie haben kann (auch außerhalb eines formalisierten Trainings), legen wir das im selben Verlag zu diesem Thema erschienene Buch »Humor in Psychiatrie und Psychotherapie« (Wild 2012) ans Herz.

1 Theoretischer Hintergrund

1.1 Humor

Definitionen

Der Begriff Humor wird hauptsächlich als Oberbegriff für eine Reihe miteinander verwandter, aber dennoch sehr verschiedener Phänomene verwendet. Wenn von Humor die Rede ist, können sowohl witzige Stimuli, also z. B. Witze, Cartoons, Filme, Komik etc. gemeint sein, wie auch das Erleben von etwas Witzigem, d. h. das damit verbundene Gefühl der Erheiterung (vgl. Ruch 1993). Auch das Lachen wird, obwohl sein Charakter sehr vielfältig ist und vom verächtlichen bis zum heiteren Lachen reichen kann, zumeist mit Humor in engen Zusammenhang gebracht und teilweise sogar als Synonym für Humor oder Heiterkeit verwendet. Der Begriff Humor wird also im allgemeinen Sprachgebrauch sehr weit gefasst, wodurch die Gefahr einer mangelnden Begriffsklarheit und der Verwechslung verschiedener humorassoziierter Phänomene gegeben ist. Diese wird besonders dann relevant, wenn einzelne Aspekte von Humor einerseits wissenschaftlich untersucht und andererseits auch gezielt praktisch genutzt werden sollen. Es ist daher wichtig, eine genaue Begriffsdefinition und Abgrenzung der einzelnen Elemente vorzunehmen.

Die Definition von Humor, die wir diesem Manual zugrunde legen und auf die wir uns im Folgenden beziehen, geht zurück auf die Arbeiten von Ruch (1998) und McGhee (2010a) und beschreibt ein Bündel von komplexen Verhaltensweisen, die sich einerseits aus bestimmten überdauernden Charaktereigenschaften und andererseits aus der aktuellen Stimmung und Situation ergeben. Hierzu zählen beispielsweise die Fähigkeit, eine heitere Gelassenheit auch im Angesicht von Belastungen aufrechterhalten zu können, sowie die Fähigkeit, sich selbst nicht zu ernst zu nehmen und Freude am Spiel, an Blödsinn und Komik zu haben. Die Übersetzung dieser Charaktereigenschaften in konkretes Verhalten wird dabei moduliert durch soziale Aspekte, wie z. B. das Bestreben, sich von anderen erheitern lassen bzw. selbst andere zu erheitern, oder das Gespür für den passenden Witz in der passenden Situation, aber auch durch den eigenen affektiven Zustand (Stimmung und Situation). Durch dieses Zusammenspiel verschiedener Faktoren kann eine effektive Regulierung sozialer Beziehungen erreicht werden.

Wenn Humor in diesem Sinne verstanden wird, ergibt sich auch eine klarere Abgrenzung gegenüber den Phänomenen des Lachens oder Lächelns. Hierbei handelt es sich um in erster Linie relativ stereotyp ablaufende motorische Reaktionen, die in der Folge von Witzen, Komik oder Humor auftreten können, jedoch nicht müssen. In den meisten Fällen treten Lachen und Lächeln als reine Kommunikationselemente auf, die es z. B. erlauben, eine positive Gesprächsatmosphäre zu etablieren, etwas Gesagtes zu verdeutlichen oder es als ironisch oder unernst zu kennzeichnen. Insofern können Lachen und Lächeln zwar die sozialen Funktionen von Humor unterstützen (z. B. kann, wenn eine Äußerung mit einem Lachen verbunden wird, ihre Wirkung auf den Gesprächspartner zunächst im unernsten Kontext überprüft werden. Gegebenenfalls lässt sie sich dann noch als »nur Spaß« zurücknehmen), sie sind jedoch deswegen nicht als ausschließlich humorassoziiert anzusehen.

Begriffsgeschichte

Ebenso komplex und vielschichtig wie die Erscheinungsformen und Funktionen von Humor ist auch seine Begriffsgeschichte. Ursprünglich stammt der Begriff aus dem Lateinischen (Umor) und bedeutet übersetzt »Feuchtigkeit« oder »Saft«. In der Antike dominierte die Humoralpathologie, d. h. die Säftelehre das medizinisch-naturwissenschaftliche Verständnis vom Menschen. Die Ausgewogenheit der vier »Humores« (d. h. Körpersäfte) Blut (Sanguis), Schleim (Phlegma), gelbe Galle (Chole) und schwarze Galle (Melas Chole) wurde als gleichbedeutend mit Gesundheit angesehen, während Krankheiten sich durch eine Unausgewogenheit der Säfte erklären ließen. Galenus von Pergamon (ca. 129–199) verband später die Viersäftelehre mit der Lehre von vier Temperamenten, deren Dominanz auf das Überwiegen eines bestimmten Körpersaftes zurückzuführen sei. Demnach führte ein Überschuss an schwarzer Galle zu einem melancholischen, an gelber Galle zu einem cholerischen und an Schleim zu einem phlegmatischen Temperament. Das Vorherrschen von Blut sollte ein sanguinisches, also heiteres Temperament begründen. Neben der Bedeutung, die den Körpersäften für die Entstehung von überdauernden Charaktereigenschaften zugeschrieben wurde, wurden später dann auch Schwankungen innerhalb der Säfteverteilung für eher kurzfristige Stimmungsschwankungen verantwortlich gemacht.

Der Zusammenhang mit dem Heiteren und Witzigen sowie mit dem Lachen entwickelte sich jedoch erst viel später, im 16. Jahrhundert in England. Die Vorstellung von Humor als Zeichen für einen unausgewogenen Charakter führte zur Entstehung des Begriffes »Humorist«, welcher eine Person kennzeichnete, die sich merkwürdig, exzentrisch oder normabweichend verhielt und die daher zum Ziel von Spott und Gelächter wurde (Ben Johnson, Every Man out of His Humour, 1598, zit. n. Wickberg 1998). Ebenfalls in England traten dann in der Folge »men of humor« in Erscheinung, die besonders talentiert darin waren, »Humoristen« zu imitieren und dadurch andere zum Lachen zu bringen (Wickberg, 1998).

Im Zeitalter des Humanismus bildete sich wiederum in England und auch im deutschsprachigen Raum das Begriffsverständnis von *Sinn für Humor* (s. S. 8) als einer Charaktereigenschaft heraus. In diesem Sinne bedeutete Sinn für Humor zu haben, der Welt mit einer heiteren und gelassenen Haltung zu begegnen und dadurch Widrigkeiten leichter zu bewältigen. Aus dieser Zeit stammt also unser bis heute gültiges Konzept von Sinn für Humor, welches durch Einflüsse aus der psychologischen Forschung noch um weitere Komponenten erweitert wurde, vor allem (sozial-)kognitive und Verhaltensaspekte. Sinn für Humor beinhaltet also einerseits das Vorhandensein einer bestimmten inneren Haltung, andererseits aber auch bestimmte assoziierte Verhaltensweisen, wie Lachen, Witze machen, andere zum Lachen bringen etc. All diese Komponenten stehen in Wechselwirkung zueinander. Entsprechend ist es also auch vorstellbar, einzelne Komponenten gezielt zu beeinflussen (z. B. humorvolles Verhalten durch gezieltes Training zu fördern) und dadurch auch Veränderungen in anderen Komponenten (z. B. der heiter-gelassenen inneren Haltung) herbeizuführen.

Facetten und Funktionen von Humor

Humor ist ein allgegenwärtiges Phänomen, das aus unserem Alltag nicht wegzudenken ist, sei es in unserer täglichen Kommunikation, in der Unterhaltungsindustrie oder in den Medien. Vor allem in seiner Rolle als wesentliches Kommunikationselement kann Humor, wenn er auf positive, wohlwollende Art eingesetzt wird, dazu beitragen, die soziale Interaktion zielführend, bedürfnisgerecht und dadurch erfolgreich zu gestalten. So ist z. B. in Konfliktsituationen immer wieder zu beobachten, wie eine scherzhafte Bemerkung an der richtigen Stelle selbst eingefahrenen Konflikten die Schärfe nehmen kann. Die Konfliktpartner können sich durch einen Scherz signalisieren, dass trotz der Meinungsverschiedenheiten die Beziehung zwischen ihnen und ihre gegenseitige Wertschätzung nicht gefährdet sind. Auf diese Weise wirken humorvolle Bemerkungen deeskalierend und ermöglichen es den Beteiligten, ihr Gesicht zu wahren.
Humor ist auch ein in höchstem Maße soziales Phänomen. Lachen und Scherze treten vor allem dann auf, wenn wir mit anderen Menschen zusammen sind (Martin u. Kuiper 1999; Provine u. Fischer 1989). Die in der humorvollen Interaktion ausgelösten positiven Emotionen erleichtern es darüber hinaus, tragfähige Beziehungen zu anderen zu etablieren und aufrechtzuerhalten (Shiota et al. 2004). So spielt beispielsweise bei der Partnerwahl ein gut ausgeprägter Sinn für Humor eine entscheidende Rolle (Regan u. Joshi 2003; Todosijević et al. 2003; Toro-Morn u. Sprecher 2003) und wird mitunter als wichtiger angesehen als äußerliche Attraktivität (Toro-Morn u. Sprecher 2003).
Neben seiner Funktion als wichtiges Kommunikationselement kommt dem Humor auch eine wesentliche Rolle als Bewältigungsfaktor zu. Entsprechend führt auch das DSM-IV (Deutsche Version von Sass et al. 2003) Humor neben z. B. Altruismus, Sublimierung oder Selbstreflexion in der Liste der hochadaptiven Bewältigungsmechanismen auf. Diese führen nach der DSM-IV-Definition zur »optimalen Bewältigung von Stress«. Für den effektiven Einsatz von Humor als Bewältigungsmechanismus ist aus klinisch-praktischer Sicht das Konzept von Martin (2003) hilfreich, welches zwischen adaptiven und maladaptiven

Humorstilen unterscheidet. Adaptive und maladaptive Humorstile beeinflussen demnach in unterschiedlicher Weise psychische Stabilität und Wohlbefinden. Zu den maladaptiven Humorstilen zählt Martin selbstentwertenden und aggressiven Humor, während selbstbestärkender und nicht-ausgrenzender Humor als adaptiv gesehen werden. Die häufige Verwendung von adaptivem Humor korreliert negativ mit Angst und Depression und positiv mit Selbstwerterleben und allgemeinem psychischen Wohlbefinden (Martin 2003). Die Bevorzugung eines maladaptiven Humorstils dagegen korreliert positiv mit Angst, Depression und anderen psychiatrischen Symptomen und geht außerdem mit geringerem Selbstwerterleben und geringerem allgemeinen psychischen Wohlbefinden einher. In der täglichen klinischen Praxis kann es sich daher durchaus lohnen, genauer auf witzige Äußerungen von Patienten und ihren bevorzugten Humorstil zu achten und dies gegebenenfalls auch zu thematisieren. Gerade selbstentwertender Humor, also z. B. häufiges Witzemachen auf eigene Kosten oder Mitlachen, wenn andere entwertende Witze über einen machen, kann ein Zeichen für ein gering ausgeprägtes Selbstwerterleben sein und einen konstruktiven Umgang mit Problemen verhindern.
Der adaptiv-humorvolle Umgang mit Belastungen kann jedoch helfen, Anspannung zu reduzieren sowie persönliche Schwierigkeiten aus einer anderen, weniger bedrohlichen Warte zu betrachten (Kuiper et al. 1993), und ermöglicht eine effektive Emotionsregulation (Gross u. Muñoz 1995). Die humorassoziierten Coping-Mechanismen eröffnen so gerade auch für eine praktische Anwendung bei der Arbeit mit psychisch kranken Menschen neue und interessante Perspektiven.

Formen des Ausdrucks von Humor

Woran erkennt man im täglichen Leben, dass jemand Humor hat? Humor kann sich auf verschiedene Weise im Verhalten ausdrücken: Witze (d. h. »vorgefertigte« kurze Anekdoten) werden erzählt und goutiert. Im Alltagsleben kommt allerdings die spontane Komik häufiger vor, z. B. in Form von lustigen Gesten, Mimik oder ironischen Bemerkungen. Auch an der Reaktion auf Situationen, die verblüffend, überraschend, vielleicht auch zunächst erschreckend sind (z. B. »Freudsche Versprecher« oder das klassische Ausrutschen auf der Bananenschale), zeigt sich, ob jemand Humor hat.
Diese Ausdrucksformen (Witze, Komik, erheiterte Reaktion auf Überraschendes) sind nicht nur in der spontanen und alltäglichen Kommunikation anzutreffen, sondern bilden auch die Basis für witzige Elemente z. B. in Filmen, Theaterstücken, Büchern oder Zeitschriften, die dann im allgemeinen Sprachgebrauch ebenfalls unter dem Oberbegriff Humor zusammengefasst werden. Auf diese Ausdrucksformen von Humor werden wir zwar im Folgenden, vor allem als praktische Anwendungen im Trainingsteil, immer wieder treffen, dennoch soll auf ihnen nicht das Hauptaugenmerk liegen. Denn das Ziel des vorliegenden Manuals ist es, Humor

als Coping-Mechanismus bei Patienten mit psychischen Störungen zu fördern. Für diesen Zweck bedeutsamer als die Auseinandersetzung mit Ausdrucksformen von Humor ist daher das Verständnis für Humor als Charaktereigenschaft.

Sinn für Humor: Die Charaktereigenschaft

Jemandem »viel Sinn für Humor« zu attestieren ist ein Ausdruck großer Wertschätzung und geradezu synonym für eine Reihe weiterer positiver Charaktereigenschaften, die dieser Person ebenfalls zugeschrieben werden (Cann u. Calhoun 2001). Auch wenn mitunter von einem »merkwürdigen« oder »unangenehmen« Sinn für Humor die Rede ist, überwiegt doch der positive Beiklang und der Sinn für Humor ist eine in höchstem Maße sozial erwünschte Eigenschaft. Die meisten Menschen gehen davon aus, selbst in ausreichendem Maße über diese Eigenschaft zu verfügen. Dies konnten Allport (1961) und später Lefcourt und Martin (1986) zeigen: 94 % der untersuchten Stichprobe schätzen den eigenen Sinn für Humor als mindestens durchschnittlich ein, während nur 6 % ihren Sinn für Humor als unterdurchschnittlich ausgeprägt werteten.

Was zeichnet nun Menschen aus, die Sinn für Humor haben? Aus dem Bereich der Persönlichkeitspsychologie ist bekannt, dass der individuelle Sinn für Humor durch Unterschiede in einer Reihe von humorassoziierten Eigenschaften bestimmt wird (Hehl u. Ruch 1985):

- Witze und andere lustige Stimuli verstehen können,
- Humor und Heiterkeit ausdrücken zu können (quantitativ und qualitativ),
- selbst Humor produzieren zu können (z. B. in Form von humorvollen Bemerkungen),
- Gefallen an Witzen, Cartoons und Humor aus anderen Quellen zu finden,
- das aktive Bemühen, sich erheitern zu lassen (z. B. lustige Filme anzuschauen),
- sich Witze oder lustige Ereignisse merken zu können,
- Humor als Bewältigungsmechanismus einzusetzen.

McGhee (1996, 2010a), dessen achtstufiges Trainingsprogramm zur Verbesserung des Sinns für Humor Grundlage des hier vorliegenden Manuals ist, definiert den Sinn für Humor als ein Zusammenspiel von fünf Faktoren:

1. **Intellektuell:** Hierzu zählt McGhee z. B. die Fähigkeit zum Spiel mit Worten und Ideen, wodurch eine humorvolle Wirkung erzielt wird.
2. **Sozial:** Zur Bewältigung von Konflikten oder zur Stärkung sozialer Bindungen. Auch das Bewusstsein, wann humorvolle Interaktion angemessen ist und wann nicht, zählt hier dazu.
3. **Emotional:** Dies beinhaltet z. B. die Fähigkeit, über sich selbst zu lachen und Humor als Bewältigungsstrategie einzusetzen.
4. **Expressiv:** Die Fähigkeit, Erheiterung auszudrücken wird als eine Art Gradmesser für die allgemeine Fähigkeit, Emotionen auszudrücken, angesehen und

McGhee (1996) betrachtet beide Fähigkeiten als förderlich für die körperliche und seelische Gesundheit.
5. **Innere Einstellung:** Eine humorvolle Haltung besteht in der Fähigkeit, sowohl im täglichen Leben als auch unter Belastung das Absurde, Lächerliche oder Bizarre wahrzunehmen und dies als Grundlage einer humorvollen Bewältigungsstrategie nutzen zu können.

Beide Konzepte zum Sinn für Humor weisen Parallelen auf, wenngleich das Konzept von McGhee (1996) stärker den Charakter des Sinns für Humor als einer Fähigkeit, bestehend aus mehreren Einzelfähigkeiten betont, die erlernt und durch Training verbessert werden können. Dies steht im Gegensatz zu der Definition des Sinns für Humor im allgemeinen Sprachgebrauch, der eher eine Eigenschaft impliziert, die man hat oder nicht hat. Dieses Konzept des Sinns für Humor als einer trainierbaren Fähigkeit soll daher auch allen weiteren Erwähnungen des Begriffes zugrunde gelegt werden.

1.2 Einfluss psychischer Störungen auf den Sinn für Humor

Wenn man Humorfähigkeiten mit psychiatrischen Patienten trainieren möchte, muss man beachten, dass manche Störungen mit einer verminderten Fähigkeit, sich selbst und andere zu erheitern oder Witziges zu verstehen, einhergehen können. Darauf muss man Rücksicht nehmen, indem die Anforderungen verändert und auch manches besonders trainiert werden sollte.

Depression

Gerade depressive Symptome beeinträchtigen das Vermögen, sich erheitern zu lassen. Klassische Symptome sind Anhedonie, also eine verminderte Fähigkeit, positive Gefühle zu empfinden, gedrückte Stimmung und Traurigkeit. Außerdem bestehen kognitive und soziale Defizite, die den Umgang mit Erheiterndem erschweren können.
Bekannt ist, dass Menschen mit mehr depressiven Symptomen Witze stärker ablehnen beziehungsweise negativer beurteilen als Gesunde (Hehl 2004). Sie benutzen häufiger maladaptive Humorstile. Darunter versteht man selbstentwertenden und aggressiven Humor (Martin 2007). Zudem benutzten sie Humor seltener als Bewältigungsstrategie (Deaner u. McConatha 1993; Falkenberg et al. 2011; Freiheit et al. 1998; Thorson u. Powell 1994). Menschen mit Depression sind jedoch trotz kognitiver Störungen meist durchaus in der Lage, Witze als solche zu erkennen. Sie lassen sich durch Witze und Komik aber weniger erheitern (Falkenberg et al. 2011). Die beobachtbaren Defizite in der kognitiven Verarbeitung von Witzen

sind assoziiert mit der Wahrnehmung einer geringeren Witzigkeit der Stimuli bei depressiven Patienten (Uekermann et al. 2008). Die erzielten Ergebnisse wurden meist mit Selbstbeurteilungsskalen gewonnen. Es könnte nun natürlich sein, dass sich die depressiven Patienten hier aufgrund der generell in der Depression vorhandenen Tendenz, sich selbst zu entwerten, negativer beurteilt haben (und tatsächlich nicht humorloser waren als Gesunde). Dagegen spricht aber, dass bei den genannten Studien die Patienten nicht alle ihre Persönlichkeitseigenschaften negativer beurteilt haben.

Außerdem zeigt die klinische Erfahrung, dass Menschen mit einer schwereren Depression tatsächlich das Vermögen fehlt, bei einer positiven Stimmung mitzuschwingen. Bereits Nussbaum und Michaux (1963) beschrieben deshalb auch positive Reaktionen auf witziges Material bei depressiven Patienten als einen Prädiktor der klinischen Besserung.

Eine wichtige Frage ist natürlich auch, ob der veränderte Humor ein Risikofaktor für Depression sein könnte. Letztendlich müsste dies mit einer aufwendigen prospektiven Studie unter Erfassung sehr vieler Menschen geklärt werden. In einer noch unveröffentlichten Studie haben wir Menschen untersucht, die eine schwere Depression (mit stationärer Behandlung) durchlebt hatten, nun aber nicht mehr depressiv waren. Diese ehemaligen Patienten zeigten in Bezug auf alle untersuchten Humorparameter[1] keine signifikanten Abweichungen mehr von der Kontrollgruppe. Das ist ein Hinweis darauf, dass es sich bei der beobachteten Störung der Humorfunktionen während der Depression um ein vorübergehendes Phänomen und nicht um eine schon lange vorhandene Anlage handelt. Dazu passt auch, dass in einer Gruppe von Patienten mit remittierter bipolarer Störung keine Auffälligkeiten in der Einschätzung von witzigen Stimuli gefunden wurden (Bozikas et al. 2007).

Burnout

Burnout ist zwar keine offizielle (ICD-10), aber eine aktuell häufig gestellte Diagnose und in seinem Erscheinungsbild mit der Depression verwandt. Maslach und Leiter haben Burnout als »das Ausmaß der Dislokation zwischen dem, wie jemand ist und dem, was er tut« definiert (zit. nach Skovholt 2001, S. 107f.), also als ein inneres sich von sich selbst Entfernen. Burnout repräsentiere eine Erosion von Werten, Würde, Geist und Wille – eine Erosion der menschlichen Seele. Sarkasmus wird als eines der typischen Symptome betrachtet[2], also die Verwendung von ag-

---

1 STHI (ein Fragebogen, der Erheiterbarkeit, Ernsthaftigkeit und schlechte Laune misst (Ruch u. Köhler 1998), 3WD (erfasst Vorlieben für bestimmte Witztypen (Ruch 1992)), CHS (ein Maß für die Verwendung von Humor als Bewältigungsstrategie (Martin 1996)).
2 Andere Symptome sind emotionale Erschöpfung, Zynismus, Negativismus, Gereiztheit und Schuldgefühle.

gressiven und selbstentwertenden, nur noch teilweise humorvollen Bemerkungen. Darauf sollte man in der Therapie wie auch im Training ein Augenmerk haben. Humor wird als Burn-out-Prävention empfohlen, und zwar in Form einer spielerischen Einstellung, oder als humorvolle, heitere Interaktion mit anderen (Skovholt 2001, S. 137ff., S. 151ff.), auch für Psychotherapeuten als Teil der persönlichen Psychohygiene (Reddemann 2003).

Schizophrenie

Bei Patienten mit Schizophrenie treten anders gelagerte Probleme auf, die bei der Durchführung eines Humortrainings berücksichtigt werden sollten. Formale Denkstörungen können dazu führen, dass Begriffe, die im übertragenen Wortsinn gebraucht werden, nicht richtig verstanden werden[3]. Viele witzige Bemerkungen beruhen aber auf solchen Wortspielen[4]. Dies führt dazu, dass dieser Typ von Witz nicht verstanden wird. Es handelt sich hierbei um ein generelles kognitives Problem, das nicht nur das Verständnis von Witzen beeinträchtigt (Bozikas et al. 2007; Polimeni et al. 2010). Hinzu kommt, dass in der Schizophrenie die Fähigkeit zur Mentalisierung[5], die bei vielen Witzen[6] gefordert ist, beeinträchtigt ist (Corcoran et al. 1997; Marjoram et al. 2005). Manchmal führen solche formalen und inhaltlichen Denkstörungen auch zu unbeabsichtigter Komik.
Die Freude an Witzigem, z. B. an Nonsens und Slapstickkomik, ist aber durchaus erhalten und Patienten mit Schizophrenie unterscheiden sich nicht von Gesunden in Bezug auf Witzpräferenzen im 3 WD-Test, einem Test, der individuelle Vorlieben für bestimmte Witze misst. Allerdings kann eine zusätzlich bestehende depressive Symptomatik die Fähigkeit zur Erheiterung beeinträchtigen (Falkenberg et al. 2007).
Im Umgang mit schizophrenen Patienten sollte auch beachtet werden, dass oft eine Diskrepanz zwischen der Mimik, deren Ausdruck reduziert ist, und der inneren Wahrnehmung von Emotionen, die genauso lebhaft wie bei Gesunden ist, existiert (Kring u. Neale 1996; Sakamoto et al. 1997). Dies kann im direkten

---

3   der sogenannte Konkretismus
4   Bsp.: Fragt der Psychiater: »Na, wie heißen Sie denn heute?« »Richard Gere!« »Komisch, gestern hießen Sie doch noch Kim Basinger?!« »Ja, das war mein Mädchenname!«
5   Mentalisierung beschreibt die Fähigkeit, sich in einen anderen hineinzuversetzen, eine »theory of mind« zu bilden.
6   Bsp. Ein Mann klagt seinem Psychiater: »Seit Wochen war ich von dem Gedanken besessen, mein Geschlechtsteil in den Gurkenschneider zu stecken. Ich träumte davon, dann konnte ich nicht mehr schlafen. In der Gurkenfabrik konnte ich mich auf nichts mehr konzentrieren. Ich dachte immer nur an das Eine. Gestern habe ich es getan!« »Mein Gott«, stöhnt der Arzt. »Und was geschah?« »Mir wurde sofort gekündigt.« »Und der Gurkenschneider?« »Der ist natürlich auch entlassen worden!«

Kontakt den Eindruck einer reduzierten Heiterkeit erwecken. Andererseits tendieren Patienten mit Schizophrenie dazu, Lächeln auch als Reaktion auf negative Stimuli zu zeigen (Falkenberg et al. 2008). So können die mimischen Reaktionen dieser Patienten auf den Kommunikationspartner irritierend oder unverständlich wirken, was jedoch nicht bedeuten muss, dass humorvolle Interaktionen nicht trotzdem willkommen sind.

Patienten mit chronischer Schizophrenie können aber trotzdem von der Beschäftigung mit Witzigem profitieren. In einer Studie von Gelkopf et al. (2006) wurde einer Gruppe von 29 stationären Patienten über eine Dauer von drei Monaten täglich ein lustiger Film gezeigt. Im Gegensatz zu einer Kontrollgruppe, die neutrale Filme betrachtete, verbesserten sich Psychopathologie und soziale Fähigkeiten signifikant. Allerdings wurde nicht festgehalten, inwiefern die Patienten tatsächlich erheitert waren und wie oft sie z. B. lachten. Deshalb ist es durchaus möglich, dass dies ein Effekt einer generell verbesserten Stimmung auf der betreffenden Station war[7].

Patienten mit Schizophrenie geben aber genauso häufig wie die Mitglieder einer Kontrollgruppe an, Humor als Bewältigungsstrategie zu verwenden (gemessen mit der *Coping Humor Scale*/CHS; Falkenberg et al. 2007). Die Patienten können also kognitive Probleme beim Verstehen von Witzen haben und zeigen einen veränderten emotionalen Ausdruck. Genau wie Gesunde schätzen sie aber Komik und Erheiterung.

Angststörungen

Wer lacht, kann nicht gleichzeitig stocksteif vor Angst sein – das ist einer der Gründe für die Beliebtheit von Klinikclowns[8]. Angst und Erheiterung sind gegensätzliche Gefühlszustände. Erheiterung kann deshalb kurzfristig Ängstlichkeit reduzieren, wie in vielen Untersuchungen gezeigt wurde. In einer Studie von Szabo und Mitarbeitern bei gesunden Frauen führte ein zwanzigminütiges witziges Video zu mehr Reduktion von Angst und negativen Gedanken als ein gleichlanges Training auf einem Fitnessbike oder Musikhören (Szabo et al. 2005). Dabei wirkt Witziges doppelt: Einerseits verdrängt quasi die positive Emotion *Erheiterung* die negative Emotion *Angst*. Andererseits gibt es den Mechanismus der »kognitiven Distraktion«, der beinhaltet, dass zum Verstehen eines Witzes (im Gegensatz zu

---

7 Wie sich in einer früheren Studie dieses Autors herausstellte: Die positivere Beurteilung der Patientensymptomatik basierte damals auf einer Stimmungsbesserung des Personals (Gelkopf et al. 1994). Dieser Effekt wurde in der neuen Studie aber ausgeschlossen.
8 In einer Studie zur präoperativen Angst bei Kindern führte der Kontakt mit Klinikclowns zu einer signifikanten Angstreduktion, mehr als das bloße Zusammensein mit den Eltern (die vielleicht selbst auch ängstlich waren, (Vagnoli 2005)).

einfach nur angenehmen Stimuli) mentale Kapazität benötigt wird, die dann nicht für ängstliches Grübeln zur Verfügung steht (Strick et al. 2009).

Allerdings muss der Witz zum Betroffenen passen: In einer anderen Studie zeigte sich, dass bei der Mehrzahl der Probanden Cartoons nicht mehr als witzig empfunden wurden, wenn sie sich mit dem Protagonisten identifizierten und dieser als Opfer dargestellt wurde (Moran 1996). Dann können Witze auch Angst hervorrufen (Janes u. Olson 2010). In dieser Studie zeigten die Teilnehmer mehr Angst vor Fehlern, wenn sie zuvor Witze, bei denen Dritte entwertet wurden, angehört hatten. Andererseits führte das Anhören von selbstentwertenden Witzen zu mehr Kreativität. Die Autoren interpretieren dies so, dass die Probanden mehr Angst hatten, selbst zur Zielscheibe von Witzen zu werden. Vielleicht führte selbstentwertender Humor bei anderen Personen auch zu mehr Mut und Offenheit im eigenen Denken.

Humor als Bewältigungsstrategie zu besitzen kann sogar die Ergebnisse in einem Mathematiktest verbessern. Eine Studie von Ford et al. (2004) zeigte, dass Frauen mit höheren Werten für Humor als Bewältigungsstrategie weniger ängstlich waren und (wahrscheinlich dadurch) bessere Ergebnisse erreichten. In einer Studie an Collegestudenten gaben trotz gleicher Anzahl von Alltagsproblemen die Studenten mit viel Humor weniger Angst und Stress an als Studenten mit wenig Humor (Abel 2002). Sinn für Humor war vergesellschaftet mit den Bewältigungsstrategien »Positive Neubewertung« und »Fokussierung auf das Problem«. Die Autoren weisen darauf hin, dass Humor hilft, eine Situation neu zu strukturieren und anders zu betrachten. Dies waren wohlgemerkt Studien an Gesunden mit mehr oder weniger Angst.

Bei Patienten mit Angststörungen tritt Angst in eigentlich ungefährlichen Situationen auf. Ob Patienten mit Angststörungen einen anderen Humorstil benutzen oder weniger erheiterbar sind, ist nicht gut untersucht. In einer frühen Studie (Levine u. Redlich 1960) an 183 psychiatrischen Patienten mit unterschiedlichen (schweren) Erkrankungen zeigten die Patienten im Vergleich zu Gesunden weniger Erheiterung durch Cartoons. Die Autoren erklären dies so, dass Witziges zwar zu einer Reduktion von Angst führen kann, aber wenn die Angst zu groß ist, sei keine Reduktion mehr möglich und deshalb auch der Effekt von Cartoons beeinträchtigt. Vielleicht war in diesem Fall auch die kognitive Distraktion durch die Angst zu groß.

Witziges und Komik können in der Psychotherapie von Angstpatienten benutzt werden, um einen Perspektivwechsel hervorzurufen. Eine systematische Studie mit Patienten mit Spinnenphobie ergab, dass das Betrachten von humorvollen Stimuli (z. B. eine Spinne im Ballettrock) die Angst genauso gut reduzierte wie klassische Desensibilisierung (Ventis et al. 2001). Allerdings scheinen Menschen mit mehr Angst (in diesem Fall erneut Psychologiestudenten ohne klinische Erkrankung) humorvolle Bemerkungen von Therapeuten nicht unbedingt zu schätzen (vielleicht, weil dies eigenen Erwartungen an Therapeuten zuwiderläuft; Blank et al. 1983).

Sie beurteilten Therapeuten, die in einem schriftlichen Dialog zwischen Therapeut und Klient humorvolle Bemerkungen machten, negativer. Zu bedenken ist in der Arbeit mit Patienten mit Angststörungen auch, dass es Menschen gibt, die Angst davor haben, ausgelacht zu werden (sogenannte Gelotophobiker; Ruch u. Proyer 2009). Diese Patienten sind aber auch einem Gruppentraining, in dem Humor, Heiterkeit und Lachen geübt werden, zugänglich (Titze 2011).

Andere psychische Erkrankungen

Andere psychische Erkrankungen sind im Hinblick auf Erheiterbarkeit, Humorstil, den Einsatz von Humor als Bewältigungsstrategie oder in der Psychotherapie dieser Erkrankungen bisher wenig systematisch untersucht.

Bei alkoholabhängigen Patienten zeigten sich Defizite sowohl bei den kognitiven wie auch bei den emotionalen Verarbeitungsmechanismen von humorvollem Material (Uekermann et al. 2007). Aus der klinischen Erfahrung mit suchtkranken Patienten kann vermutet werden, dass eine Tendenz zu maladaptiven Humorstilen (aggressiv, entwertend, selbstentwertend) besteht und witzige Bemerkungen eingesetzt werden, um eine tiefere Auseinandersetzung mit der Störung zu vermeiden (Scherer u. Scherer 1994). Auch dieses Verhalten sollte dann im Humortraining thematisiert werden.

Autistische Patienten haben Schwierigkeiten mit der Mentalisierung. Dazu passend können sie Witze, in denen man sich in die Akteure hineinversetzen muss, nicht so gut verstehen oder schätzen. Witze, bei denen das nicht der Fall ist (z. B. visueller Nonsens), werden von ihnen jedoch genauso beurteilt wie von Gesunden (Samson u. Hegenloh 2010).

Auch Patienten mit Demenz haben kognitive Probleme, komplexe Witze oder Ironie zu verstehen. Andererseits ist die Freude am Komischen lange erhalten, wie die Erfahrungen in Humorgruppen (Hänni 2011; Hirsch 2011; Kranzhoff u. Hirsch 2001; Walter et al. 2007) und mit Klinikclowns auf einer geriatrischen Station (Wild et al. 2007) zeigen. Sicher macht sich dabei positiv bemerkbar, dass es nicht das eine Humorzentrum im Gehirn gibt, sondern dass das Verstehen von und die Freude an Witzen, Komik und Humor sehr viele Teile des Gehirns involvieren (Wild 2010). Dies macht den Humor weniger anfällig in Bezug auf zerebrale Durchblutungsstörungen oder andere Ausfälle, quasi »altersresistent«.

Patienten mit frühen Traumatisierungen tendieren oft zu Galgenhumor, können sehr ironisch, auch sarkastisch sein. Sachsse betrachtet dies als eine Möglichkeit der Patienten, mithilfe des Humors Souveränität zurückzugewinnen: Wenn es gelingt, über einen Angreifer zu lachen, dann ist man »one up« (Sachsse 2011). Er weist auch darauf hin, dass die Fähigkeit zu Ironie und Witzen ein hilfreiches Merkmal bei der Differenzialdiagnose zwischen Menschen mit Borderlinestörung und Menschen mit Psychose sein kann. Wichtig ist in diesem Zusammenhang

auch, dass mithilfe von Witzigem bei diesen Patienten Mentalisierung geübt werden kann.
Systematische Studien zu Humor bei Zwangspatienten oder Patienten mit Persönlichkeitsstörungen existieren bisher nicht. Patienten mit Zwangskrankheit lachten allerdings verhaltener und seltener als Gesunde, was sich im Laufe einer Therapie normalisiert (Mergl et al. 2003). Es ist vorstellbar, dass das Spielerische im Humortraining und die Erfahrung, dass eigene Fehler auch positive, nämlich erheiternde Seiten haben können, bei Patienten mit Zwangsstörungen hilfreich sind.

1.3 Training von Humorfähigkeiten

Sinn für Humor kann man trainieren

Um eine möglichst dauerhafte Verbesserung der Humorfähigkeiten mithilfe eines Trainings erzielen zu können, ist eine ausgewogene Mischung zwischen theoretischer Informationsvermittlung über Humor und praktischen Übungen entscheidend. Dadurch werden den Teilnehmern die konkrete Vorgehensweise und die Einzelschritte transparent und nachvollziehbar gemacht.
In den letzten Jahren sind unterschiedliche Humor-Trainingsprogramme entwickelt worden. Teilweise wurde der Erfolg dieser Methoden auch wissenschaftlich evaluiert, z. B. im Rahmen von Dissertationsprojekten. Leider sind viele dieser Arbeiten jedoch nicht allgemein zugänglich, sodass die generelle Einschätzung der Methoden und ihrer Wirksamkeit schwierig ist. Auch in Abhängigkeit von der Zielgruppe und dem Bereich, in welchem Verbesserungen gewünscht sind, bearbeiten die Programme unterschiedliche Schwerpunkte. So unterscheiden sich z. B. Trainingsprogramme, die zur Verbesserung der Humorfähigkeiten von Lehrern im Unterricht oder zur Stressbewältigung konzipiert wurden, von denen, die Humor als ein rhetorisches Element oder zur Erhöhung der Überzeugungskraft bei Verkäufern verbessern wollen. Wenn Evaluationen dieser Programme vorgenommen wurden, so unterschieden sich auch die verwendeten Instrumente. Die Methoden der Erfolgsprüfung reichen dabei von der reinen Selbstbeurteilung der Teilnehmer bis hin zur Anwendung von etablierten Fragebögen.

Humortrainings mit gesunden Versuchspersonen

Zu den Trainingsansätzen, für die eine Evaluation vorliegt, zählt der Ansatz von Ziv (1988). Hierbei wurde untersucht, ob Humortraining die didaktischen Fähigkeiten von Hochschuldozenten verbessert. Es wurden zwei Gruppen von Unterrichtsmethoden verglichen. In der ersten Gruppe verwendete der Dozent nach vorangegangenem Training humorvolle Elemente, um den Unterrichtsstoff (statis-

tische Methoden) zu vermitteln. Eine der verwendeten Techniken beinhaltete z. B., gezielt Witze oder Cartoons, in denen ein inhaltlicher Bezug zu den Lernstoffen bestand, zur Vermittlung des Stoffes einzusetzen. In der Kontrollgruppe wurde derselbe Stoff, jedoch ohne witzige didaktische Elemente, vermittelt. In der Abschlussprüfung zu dem Seminar erbrachten diejenigen Studenten bessere Leistungen, denen der Unterrichtsstoff humorvoll vermittelt wurde, während die andere Gruppe, die keinen humorvollen Unterricht erhalten hatte, schlechter abschnitt.
Nevo et al. (1998) entwickelten ein Programm zur Förderung der motivationalen, kognitiven, emotionalen, sozialen und Verhaltensaspekte des Sinns für Humor. Dieses Programm wurde dann bei vier Gruppen, bestehend aus insgesamt 101 Lehrerinnen, evaluiert. Die erste Gruppe durchlief dabei das gesamte Programm mit theoretischer Informationsvermittlung und praktischen Übungen. Die zweite Gruppe wurde beschränkt auf den passiv-theoretischen Teil. In der dritten Gruppe fanden lediglich regelmäßige Treffen statt, um Themen ohne Humorbezug (z. B. Prüfungsangst) zu diskutieren. Die vierte Gruppe war eine reine Wartekontrollgruppe. Sowohl in der Eigen- als auch in der Fremdbeurteilung zum Sinn für Humor und der Humorproduktion ergab sich nach dem Training eine signifikante Zunahme der Humorproduktion wie auch der allgemeinen Wertschätzung für Humor in den ersten beiden Gruppen gegenüber Gruppe drei und vier. Allerdings fand sich in der dritten Gruppe, die lediglich regelmäßige Treffen abhielt, ebenfalls eine Verbesserung in den Sinn-für-Humor-Skalen. Diese war in der vierten Gruppe nicht zu beobachten. Es scheint also, dass auch die reine soziale Interaktion, bei der sicherlich ebenfalls spontan Humor aufgetreten ist, schon zu einer Verbesserung des Sinns für Humor führen kann.
Das Trainingsprogramm von Paul McGhee (1996, 2010a), welches dem vorliegenden Manual zugrunde liegt, wurde bisher im Gesundheitsbereich hauptsächlich mit organisch kranken Patienten, aber auch mit medizinischem Personal, angewandt. Das Programm fokussiert auf die intellektuellen, sozialen, emotionalen, expressiven und haltungsbezogenen Komponenten des Sinns für Humor und liegt in einer deutschen Version vor, die an einer Gruppe von 80 Teilnehmern validiert wurde (Sassenrath 2001). Die Studienteilnehmer wurden in vier Gruppen aufgeteilt: Gruppe 1 absolvierte das gesamte Trainingsprogramm, Gruppe 2 nur den theoretischen Teil ohne praktische Anwendungen, Gruppe 3 diente als Kontrollgruppe, die zu regelmäßigen Treffen zusammenkam und verschiedene Themen diskutierte und Gruppe 4 erhielt als Wartegruppe keinerlei Intervention. Vor Beginn, nach acht Wochen (Trainingsende) sowie nach zwölf Wochen wurden Messwerte für den Sinn für Humor, Coping-Humor und positive bzw. negative Befindlichkeit erhoben. In den beiden Experimentalgruppen (1 und 2) fanden sich sowohl kurz- als auch längerfristige Verbesserungen auf den Skalen für Sinn für Humor, Coping-Humor und positive Befindlichkeit. Demgegenüber fanden sich nur einzelne, unsystematische und kurzfristige Verbesserungen auf einzelnen Skalen in den beiden Kontrollgruppen (3 und 4). Die deutlichste und nachhaltigste

Verbesserung war in Gruppe 1 gegenüber Gruppe 2 zu verzeichnen. Offensichtlich trägt die praktische Umsetzung der theoretisch erlernten Humormechanismen also ganz entscheidend zur Wirksamkeit des Trainings bei, aber auch die theoretische Beschäftigung mit diesem Thema, vielleicht bedingt durch entsprechende Aufmerksamkeitslenkung im Alltag, hat eine gewisse Wirkung.

Es existieren einige weitere Untersuchungen, die dasselbe Programm zum Gegenstand hatten und bei unterschiedlichen Personengruppen angewandt wurden. So führte Gunderson (1998) das Training im Rahmen einer Masterarbeit mit einer Gruppe älterer Teilnehmer durch (Durchschnittsalter 82 Jahre), während eine Kontrollgruppe über acht Wochen regelmäßige Treffen abhielt, um selbst ausgewählte Filmkomödien anzuschauen. Lediglich in der Gruppe, die das aktive Training durchlief, war anschließend eine Zunahme der Coping-Fähigkeiten zu verzeichnen.

Crawford und Caltabiano (2011) verglichen die Wirksamkeit des Trainings in Bezug auf emotionales Wohlbefinden gegenüber einer Kontrollgruppe, die sich zu geselligen Treffen mit humorigen Plänkeleien, jedoch ohne gezielte Intervention traf, und einer Wartekontrollgruppe ohne jegliche Intervention. Die Datenerhebung erfolgte zum Baseline-Zeitpunkt, direkt nach Abschluss des Trainings sowie im Rahmen einer Drei-Monats-Follow-up-Untersuchung. Lediglich in der Trainingsgruppe, nicht jedoch in den beiden Kontrollgruppen stiegen die Skalenwerte für Selbstwirksamkeit, positiven Affekt, Optimismus und Kontrollüberzeugung an, während die Werte für subjektiv erlebten Stress, depressive Stimmung und Angst zurückgingen. Dieser Befund war auch in der Follow up-Untersuchung stabil.

Ein ähnliches Design wie Sassenrath (2001) wandten Rusch und Stolz an (2009). Wiederum wurden vier Gruppen untersucht. Die erste durchlief das gesamte Trainingsprogramm von McGhee (1996), die zweite lediglich den Theorieteil, die dritte erhielt ein von den Autorinnen selbst gestaltetes Training und die vierte diente als Wartekontrollgruppe. Auch hier wurden zu drei Zeitpunkten (prä, post und als Zwei-Monats-Follow up) verschiedene Sinn-für-Humor-Skalen und eine Einschätzung der Lebenszufriedenheit durchgeführt. Es fand sich hier lediglich in der ersten Gruppe eine Zunahme des Sinn-für-Humor-Skalenwertes wie auch der Trait-Heiterkeit, d. h. Heiterkeit als überdauernder Persönlichkeitseigenschaft (sowohl in der Eigen- wie auch der Fremdbeurteilung durch Bezugspersonen), sowie eine Zunahme der Lebenszufriedenheit (Selbsteinschätzung).

Humor-Interventionen mit Patienten

Alle bisher genannten Studien haben ausschließlich gesunde Teilnehmer eingeschlossen. In der Literatur finden sich jedoch auch einige wenige Untersuchungen und vor allem Fallberichte über die Verwendung von Humor in der Therapie psychiatrischer Patienten (Marcus 1990; Minden 2002; Richman 1996). Hirsch (2011) beschreibt eine regelmäßig wöchentlich stattfindende »Humorgruppe« in seiner Klinik, an welcher stationäre gerontopsychiatrische Patienten mit unterschiedlichen Diagnosen (mit Ausnahme von akuten psychotischen Störungen, Substanzabhängigkeit bzw. -abusus und kognitiven Störungen) teilnehmen. Die stabilen Elemente der Gruppe umfassen Tanz, Musik, Singen, Rollenspiel (von heiteren oder auch unangenehmen Ereignissen, die humorvoll aufgearbeitet werden), clowneske Interventionen und eine »Witzrunde«. Daneben wird jedoch viel Raum für spontane Beiträge und Entwicklungen gegeben. Im Vergleich zu Patienten, die mit Standardtherapie behandelt wurden, wiesen Patienten mit einer depressiven Störung nach Durchlaufen der Humorgruppe eine Zunahme von Heiterkeit, Lebenszufriedenheit und Resilienz auf. Dies traf vor allem auf die Gruppe von Patienten mit mittelschwerer bis schwerer depressiver Symptomatik zu, d. h. diese Gruppe schien besonders von der Intervention zu profitieren (Hirsch et al. 2010). Auch in einer weiteren Studie erwies sich die Verwendung humorvoller Elemente in der Gruppentherapie geriatrischer Patienten mit Depression bzw. Demenz vom Alzheimer-Typ als hilfreich (Walter et al. 2007). In den regelmäßig stattfindenden Gruppentherapiesitzungen wurde vom Gruppenleiter eine heitere Atmosphäre erzeugt, indem beispielsweise Anekdoten oder lustige Geschichten erzählt wurden. Zusätzlich sollten auch die Teilnehmer humorvolle Erinnerungen aus ihrer eigenen Biografie berichten und dadurch andere an den heiteren Erlebnissen teilhaben lassen. Es fand sich eine Verbesserung der subjektiven Lebensqualität in der Gruppe depressiver Patienten, die an der Humortherapie teilgenommen hatten, verglichen mit einer Kontrollgruppe ohne Humortherapie, wenngleich dieser Gruppenunterschied nicht statistisch signifikant wurde.

In einer eigenen Untersuchung konnten wir darüber hinaus zeigen, dass die hier vorliegende Adaption des Trainings von McGhee bei Patienten mit depressiven Störungen ebenfalls durchführbar ist. Die Patienten haben den gewählten, humorvollen Ansatz sehr zu schätzen gewusst und sich gern und aktiv an den Trainingssitzungen beteiligt. Darüber hinaus war eine signifikante Stimmungsverbesserung im Laufe der einzelnen, wöchentlich stattfindenden Sitzungen zu verzeichnen und die teilnehmenden Patienten sahen sich nach Abschluss des Trainings besser in der Lage, Humor als Coping-Strategie einzusetzen (Falkenberg et al. 2011). Um das Training von McGhee erfolgreich bei Patienten mit Depression einsetzen zu können, sollte jedoch ausreichend Zeit zur Verfügung stehen. Bei einer Verdichtung der Trainingseinheiten auf zweimal pro Woche, d. h. einer Verkürzung der Gesamttrainingsdauer auf vier gegenüber acht Wochen, ergab sich keine signifikante Stimmungsverbesserung und auch keine signifikante Verbesserung des Sinns für Humor (Wilbers 2009, zit. n. McGhee 2011).

Humorgruppen und Trainings von Humorfähigkeiten werden also in vielen Bereichen eingesetzt und die bisher vorhandenen Belege zu ihrer Wirksamkeit, gerade auch bei Patienten mit psychischen Störungen, ermutigen zu einer weiteren Verfolgung dieses Ansatzes. Weitere Studien sind erforderlich, um die wirksamen Faktoren besser charakterisieren zu können und ihre Anwendung entsprechend gezielter zu fördern. Aus der bisherigen Erfahrung bei der Anwendung des modifizierten Trainingsprogramms von McGhee in der Arbeit mit Patienten gehen wir davon aus, dass einer der Wirkfaktoren des Trainings ist, dass die Teilnehmer lernen, sich selbst die Erlaubnis zu witzigem, komischem oder albernem Verhalten zu geben. Dies beinhaltet auch die Erlaubnis, nicht immer perfekt sein und gut funktionieren zu müssen, sondern auch Fehler machen zu dürfen. Fehler und Unzulänglichkeiten können hier sogar erwünscht und wertvoll sein, da sie ja oft die Grundlage für Witziges und Erheiterndes bilden. Weiterhin tragen sicherlich das strukturierte Vorgehen und die Fokussierung auf wesentliche Humoraspekte und deren Erlernen innerhalb eines geschlossenen Programms zu seiner Wirksamkeit bei. Die einzelnen therapeutischen Schritte sind transparent und nachvollziehbar. Die Struktur des Trainings ähnelt daher derjenigen anderer Therapieverfahren, die die Patienten bereits kennengelernt und deren Wirksamkeit sie erfahren haben. Dies erleichtert es den Patienten, sich auf den doch nach wie vor noch ungewöhnlichen Ansatz einzulassen, da trotz des spielerisch-heiteren Vorgehens doch eine klare Zielorientierung erkennbar ist.

Einordnung in Bezug auf andere psychotherapeutische Verfahren

Das Training von Humorfähigkeiten als Element der Psychotherapie stellt einen neuartigen Ansatz dar, welcher jedoch im Hinblick auf die zugrundeliegenden Therapieprinzipien zahlreiche Gemeinsamkeiten mit länger etablierten Therapieansätzen und -prinzipien erkennen lässt.
Die Grundannahme, dass der Sinn für Humor einen protektiven Faktor darstellt, welcher eine effektive Stressbewältigung und einen kompetenten Umgang mit Belastungssituationen ermöglicht, unterstreicht die Ressourcenorientiertheit des Trainings. Das Training von Humorfähigkeiten zielt darauf ab, durch die Förderung des vorhandenen Humorpotentials der Teilnehmer, den Sinn für Humor als vorhandene, jedoch oft vernachlässigte Ressource zu aktivieren bzw. als neue, bisher nicht wahrgenommene Ressource zu entwickeln. Hierbei sollen die Teilnehmer in die Lage versetzt werden, die gestärkten bzw. neu entwickelten Fähigkeiten auch selbständig und unabhängig von der Trainingssituation anzuwenden und die erlernten Techniken auch auf neue Situationen zu übertragen. In diesem Sinne bedient sich das Training von Humorfähigkeiten des Prinzips des Selbstmanagements. Es liegt in der Natur der Sache, dass die Arbeit mit und am Sinn für Humor auch immer mit Spaß und Freude verbunden ist. Zu den Zielen des Trainings zählt es auch, diese positiv-emotionalen, d. h. hedonistischen Aspekte zur Stimmungsregulation zu nutzen. In diesem Sinne bestehen Parallelen zwischen dem Ansatz des Trainings von Humorfähigkeiten und dem Ansatz der euthymen Therapieverfahren (z. B. Lutz 2002).
Neben den genannten Aspekten, die vor allem das Erleben des Einzelnen im Zuge der Trainingsteilnahme betreffen, spielt jedoch auch der interpersonelle Aspekt

eine große Rolle. Humor ist ein in erster Linie soziales Phänomen, das in der Interaktion mit anderen entsteht. Ein kompetenter Einsatz des eigenen Sinns für Humor kann helfen, Kontakte zu anderen aufzunehmen und zu gestalten, und helfen, Menschen für sich zu gewinnen und um Sympathien zu werben. In diesem Sinne stellt der Sinn für Humor auch eine soziale Kompetenz dar, die in dem Training geschult wird. So werden die Teilnehmer immer wieder dazu aufgefordert, einzelne Trainingsinhalte mit Freunden zu besprechen (z. B., welche Witze man gut findet, welche Art von Humor man hat, welche komischen Situationen man erlebt hat).

Das Training von Humorfähigkeiten unterscheidet sich konzeptionell jedoch klar von allen bekannten störungsspezifischen Interventionen. Sein Ziel ist es nicht, eine vorhandene Störung durch spezifische Techniken zu behandeln, sondern störungsübergreifend ein salutogenetisches Element einzuführen und zu fördern.

1.4 Besonderheiten beim Training mit Patienten mit psychischen Störungen

Indikation und Setting

Das Training von Humorfähigkeiten ist für einen breiten, störungsübergreifenden Indikationsbereich konzipiert. Es kann als begleitende Maßnahme in Kombination mit anderen psychotherapeutischen oder pharmakotherapeutischen Interventionen angewandt werden. Dabei sollte es jedoch in jedem Fall in einen umfassenden Behandlungsplan, der auch die jeweiligen störungsspezifischen Interventionen enthält, eingebettet sein. Die Anwendung ist im ambulanten, teilstationären oder stationären Bereich möglich. Auch eine Anwendung in der Erhaltungsphase oder präventiv ist möglich, ebenso wie in der Arbeit mit Angehörigen.

Das Training ist kontraindiziert bei akuten psychotischen oder manischen Episoden, akuten Intoxikationen oder bei schwergradigen depressiven Episoden, die kognitives Arbeiten verhindern. Zielsymptomatik sind vor allem depressive, Angst- und Zwangssymptome, wobei auch Anwendungen im Bereich der Suchterkrankungen, bipolaren Störungen und Persönlichkeitsstörungen vorstellbar sind. Durch den Therapeuten muss eingeschätzt werden, inwieweit der jeweilige Patient die Inhalte verarbeiten und umsetzen kann und inwieweit die Rahmenbedingungen für den Patienten passend erscheinen. Da das Training als Gruppenprogramm konzipiert ist, betrifft dies auch die Frage, inwieweit der Patient sich in ein Gruppensetting einfügen kann.

Viele Patienten mit psychischen Erkrankungen weisen begleitend Selbstwertprobleme auf. Dies kann dazu beitragen, dass auch vermehrt selbstentwertender Humor von diesen Patienten eingesetzt wird, der zu einer weiteren Verfestigung der Selbstwertproblematik führen kann. Der Trainingsleiter muss daher auf das Auftreten von selbstentwertendem Humor bei den Patienten achten (ggf. sollte dies im Einzelkontakt weiter thematisiert werden) und darf diesen nicht verstärken. Ebenso wichtig ist die Frage, inwieweit humorvolle Äußerungen oder humorvolles Verhalten von Patienten als Vermeidungsstrategie genutzt werden, was ebenfalls nicht therapiefördernd ist und daher in der Einzeltherapie angesprochen werden sollte (s. Kap. 1.2., S. 11).

Einzelne Elemente des Trainingsprogrammes können auch in einem einzeltherapeutischen Setting eingesetzt oder näher bearbeitet werden, vor allem, wenn Teilnehmer Schwierigkeiten haben, bestimmte Aufgaben im Gruppenkontext umzusetzen. Zur Frage der räumlichen Voraussetzungen, Gruppengröße, erforderlichen Materialien etc. sei auf Kap. 2 (Praktische Anwendung, S. 23) verwiesen.

2 Praktische Anwendung

2.1 Voraussetzungen

Gruppengröße

In der Darstellung des Programmablaufs wird von einer Teilnehmerzahl von ca. sechs bis maximal zehn Personen (bei einem Übungsleiter/Trainer) ausgegangen. Diese Zahl sollte nicht wesentlich überschritten werden, da ansonsten die Übungs- und Interaktionsmöglichkeiten zu stark eingeschränkt werden.

Setting

Das Training wurde für eine störungsübergreifende Anwendung im stationären, teilstationären und ambulanten Setting konzipiert. Zielsymptomatik sind vor allem depressive, Angst- und Zwangssymptome, wobei auch Anwendungen im Bereich der Suchterkrankungen, bipolaren Störungen und Persönlichkeitsstörungen vorstellbar sind. Wichtiger als eine Beschränkung auf bestimmte Störungsbilder ist die Beachtung des Ausprägungsgrades. Wir empfehlen, das Training nur bei Patienten mit leicht- bis mittelgradiger Symptomausprägung anzuwenden. Eine gewisse Fähigkeit zur Mentalisierung, zur Teilnahme an Gruppen und ausreichendes Durchhaltevermögen (ca. eine bis eineinhalb Stunden) sollten vorhanden sein. Auch eine Anwendung des Trainings in der Erhaltungsphase oder präventiv ist möglich, ebenso wie in der Arbeit mit Angehörigen. Elemente des Trainingsprogrammes können auch in einem einzeltherapeutischen Setting eingesetzt bzw. vertieft werden, vor allem, wenn es den Teilnehmern schwerfällt, im Gruppenkontext Aufgaben umzusetzen. Selbstverständlich sollte die Teilnahme freiwillig, nicht als verpflichtendes Stationsprogramm angeboten werden.

Materialien

Die für die einzelnen Trainingseinheiten erforderlichen Materialien (Karteikarten für die Teilnehmer, Präsentationsfolien für die Durchführung des Trainings) können direkt aus diesem Manual kopiert oder aus dem online angebotenen Download-Material heruntergeladen und selbst hergestellt werden. Im Anhang (S. 128) finden Sie auch Links zu Internetseiten mit witzigen Cartoons, die im Training eingesetzt, aber aus Copyrightgründen hier nicht abgedruckt werden können.

Natürlich können die vorliegenden Materialien an eigene Bedürfnisse oder eine spezifische Teilnehmerklientel angepasst bzw. durch eigene Materialien ergänzt werden. Zur Verwendung der PowerPoint-Präsentation aus dem Downloadbereich sind ein PC oder Laptop mit Internetzugang sowie ein Projektor erforderlich. Die einzelnen Folien der Präsentation sind aber auch im Anhang (s. S. 77ff.) aufgeführt und können von dort übernommen werden, falls kein Internetzugang vorhanden ist. Des Weiteren sollte ein Fernseher mit DVD-Player oder Videoabspielgerät vorhanden zu sein, um lustige Filme als Anschauungsmaterial oder zum Abschluss einer Trainingseinheit vorführen zu können. Für manche Übungen können zusätzliche Materialien erforderlich sein (z. B. Luftballons), eine entsprechende Auflistung ist dann bei den jeweiligen Übungen zu finden.

Räumlichkeiten

Einige Übungen erfordern eine gewisse Bewegungsfreiheit, sodass ein ausreichend großer Gruppenraum (ca. 30 qm) zur Verfügung stehen sollte. Darüber hinaus sollte eine Tafel oder ein Flipchart vorhanden sein, um mit den Teilnehmern interaktiv einzelne Themen entwickeln und dokumentieren zu können.

Organisatorisches

Es wird empfohlen, eine geschlossene Gruppe zu etablieren, da so alle Gruppenmitglieder bezüglich der grundlegenden Inhalte auf demselben Kenntnisstand sind und dies ein effektiveres Arbeiten ermöglicht. Bei den meisten der von uns durchgeführten Trainings fanden die Sitzungen in einwöchigem Abstand statt. Beim Einsatz des Trainings im stationären Bereich wurden auch teilweise kürzere zeitliche Abstände gewählt (z. B. zwei Sitzungen pro Woche). Allerdings ist hier zu bedenken, dass eine gewisse Zeitspanne zwischen den Sitzungen für die Durchführung der Humoraufgaben erforderlich, und bei nichtstationären Teilnehmern die terminliche Koordination meist sehr viel schwieriger ist.

Zwischen den einzelnen Terminen sollten möglichst keine längeren Pausen eintreten (z. B. Feiertage, Urlaubszeit), da durch eine kontinuierliche Bearbeitung der Einzelthemen der Trainingseffekt erhöht wird, während längere Unterbrechungen zu Zeitverlusten durch notwendige Wiederholungen führen können. Eine Durchführung als Blockveranstaltung halten wir für nicht empfehlenswert, da dann keine ausreichende Zeit für die Anwendung und Übung des Erlernten zur Verfügung steht.

Das Gruppenprogramm sollte von ausgebildeten Psychotherapeuten mit detailliertem Wissen über die verschiedenen Störungen und umfassenden Kenntnissen in verhaltenstherapeutischen und psychoedukativen Gruppenverfahren durchgeführt werden. Letzteres ist insbesondere für die Vermittlung und Förderung von Humor als Coping-Strategie relevant, da dies über eine reine Informationsvermittlung hinausgeht und psychotherapeutische Basisfertigkeiten erfordert. Dennoch soll der Schwerpunkt des Programms nicht auf der Beschäftigung mit der Erkrankung liegen (z. B. biologische Grundlagen, Symptome, medikamentöse Therapie), die in der Regel während der stationären oder ambulanten Therapie hinreichend erfolgt, sondern den Humor und damit einen »gesunden« Aspekt des Spektrums menschlicher Verhaltensweisen in den Mittelpunkt stellen.

2.2 Ablauf der Sitzungen

Das Programm ist in drei Teile untergliedert: In Teil 1 (Sitzungen 1–4) wird eine Einführung zum Humor und damit assoziierten Phänomenen gegeben (individueller Sinn für Humor, Lachen, Erfinden eigener Witze), Teil 2 (Sitzung 5) stellt die Hinwendung zu spontan auftretender Komik in Alltagssituationen in den Mittelpunkt und in Teil 3 (Sitzungen 6–7) wird das Hauptaugenmerk auf die Coping-Funktion von Humor gerichtet. Der inhaltliche Ablauf der sieben Sitzungen à 60–90 Minuten ist wie folgt vorgegeben:
- 1. Sitzung: Sinn für Humor hat jeder – ich auch!
- 2. Sitzung: Ernsthaftigkeit im Endstadium? Der Wert einer spielerischen Haltung
- 3. Sitzung: Witze erzählen und lachen
- 4. Sitzung: Mit Worten spielen und Humor entstehen lassen.
- 5. Sitzung: Alltäglicher Humor
- 6. Sitzung: Über sich selbst lachen lernen
- 7. Sitzung: In Stresssituationen den Humor nicht verlieren

Eine achte Sitzung ist in dem ursprünglichen Training von Paul McGhee (1996) für Rückblick, Wiederholung und Zusammenfassung des Gelernten vorgesehen. Diese Sitzung entfiel in den meisten der von uns durchgeführten Trainings aus Zeitgründen (der stationäre Aufenthalt der Patienten ist meist nicht so lang). Die Inhalte des Trainings sind auch in sieben Sitzungen in ausreichender Tiefe zu vermitteln und werden regelmäßig innerhalb der Sitzungen wiederholt. Eine achte Sitzung sehen wir daher nicht als zwingend erforderlich an und stellen sie dementsprechend auch nicht gesondert vor.
Der Ablauf jeder einzelnen Sitzung erfolgt nach einer festgelegten Struktur. Die Sitzung beginnt mit einer Auflockerungsübung, die der Gruppe helfen soll, in eine entspannte, spielerische Stimmung zu kommen. Die Übung wird entweder vom Übungsleiter/Trainer vorgegeben (Beispiele werden bei der Darstellung der einzelnen Sitzungen aufgeführt. Die genannten Beispiele stammen überwiegend aus dem Buch »Spiele, der Punkt auf dem i«; Wallenwein 2003) oder noch besser von den Teilnehmern initiiert. Da die von uns vorgeschlagenen Übungen teilweise

mit viel Bewegung im Raum verbunden sind, ist es wichtig, Verletzungsgefahren z. B. durch Möbel vor der Übung zu beseitigen. Da manche Patienten bzw. Klienten evtl. zunächst zögerlich sind, mitzuspielen, ist es wichtig, dass auch der Übungsleiter an dem Spiel teilnimmt, um zu signalisieren, dass alles mit rechten Dingen zugeht. Das Mitspielen kann aber immer nur freiwillig geschehen und es ist durchaus in Ordnung, wenn jemand nicht mitspielen möchte.

Im Anschluss an die Auflockerungsübung folgen eine kurze Zusammenfassung der letzten Sitzung sowie eine Klärung noch offener Fragen. Gegebenenfalls werden danach die durchgeführten Humoraufgaben besprochen. Anschließend wird das Thema der aktuellen Sitzung eingeführt, wobei die Basisinformationen möglichst gemeinsam mit den Teilnehmern unter Berücksichtigung individueller Erfahrungen erarbeitet werden. Die Aufgabe des Übungsleiters/Trainers in diesem Zusammenhang ist es, die Inhalte der Aussagen zu strukturieren und gegebenenfalls zu ergänzen oder zu kürzen. Je nach generellem Arbeitstempo der Gruppe und nach zur Verfügung stehender Zeit können die einzelnen inhaltlichen (theoretischen) Punkte etwas gestrafft werden. Wichtig ist es aber immer, die Teilnehmer an der Diskussion zu beteiligen und auflockernde Übungen nicht zu vergessen. Parallel werden Strategien zur selbständigen Anwendung des Erlernten vorgestellt, anhand konkreter Beispiele verdeutlicht und teilweise durch Übungen trainiert. Die selbständige Einübung bzw. Durchführung der vorgestellten Techniken und die Nachbereitung der Sitzung mittels Informations- und Arbeitsmaterialien stellen üblicherweise die Humoraufgaben dar. Die Sitzung endet mit einem Abschlussspiel oder der Vorführung eines lustigen Films, wiederum entweder nach Vorgabe des Übungsleiters oder von den Teilnehmern ausgewählt.

2.3 Durchführung

1. Sitzung: Sinn für Humor hat jeder – ich auch!

Stundenbeginn

Nachdem der Übungsleiter die Teilnehmer begrüßt hat, stellt er sich vor und leitet zu einem gegenseitigen Kennenlernen der Teilnehmer über.

Aufwärmübung

Als Aufwärmübung sind verschiedene Varianten denkbar (vgl. McGhee 1996):
1. Jeder Teilnehmer nennt seinen Namen und macht ein Geräusch, eine Geste oder zeigt einen Gesichtsausdruck, der ausdrückt, wie er sich gefühlt hat, als er den Gruppenraum betreten hat.

2. Nach Nennung des Namens berichtet jeder Teilnehmer kurz von dem Lustigsten, das ihm je passiert ist oder er je gemacht hat.
3. Man stelle sich vor, auf dem Boden des Raumes befinde sich eine Karte von Deutschland (oder Österreich/Schweiz/Europa) und die Teilnehmer sollen sich entsprechend ihrer Geburtsorte positionieren (und diese am Ende kurz nennen).
4. Jeder schreibt seinen Namen auf einen Zettel und legt ihn in ein Gefäß. Daraus ziehen die Teilnehmer dann wie Lose jeder einen Zettel. Man setzt sich im Kreis, ein Platz bleibt frei und der links davon sitzende beginnt: »Mein rechter, rechter Platz ist frei, da wünsche ich mir XYZ herbei«, wobei der Name auf dem gezogenen Zettel genannt wird.

Vorstellung des Programms (▸ Folie 1)

Der Kursleiter gibt einen Überblick über den Ablauf und die übergeordneten Ziele und Inhalte des Programms. Dazu wird der Überblick über die Inhalte der kommenden Sitzungen (s. S. 25) gegeben und an die Teilnehmer ausgeteilt (Präsentation ▸ Folie 2 und Karteikarte »Der Spielplan«).
Jede Sitzung wird dabei kurz kommentiert, sodass der Themenschwerpunkt deutlich wird. Die Informationsvermittlung sollte nicht zu lang sein und die Teilnehmer sollten motiviert werden, Fragen zu stellen.
In Zusammenhang mit der Programmvorstellung ist es sinnvoll, die Erwartungen an die Teilnehmer und die Rolle des Übungsleiters in den Sitzungen anzusprechen. Wichtige Punkte dabei sind:

- Als Gruppenleiter liefert man einen Einstieg – die Teilnehmer sind aber selbst »humorerfahren« und sollen mitarbeiten – dann ist der Effekt auch viel größer.
- Wichtige Informationen gibt es als Karteikarten mit – keiner muss mitschreiben. Aber alle dürfen das nochmal nachlesen.
- Nicht nur in den Trainingsstunden an Humor denken: Deshalb gibt es auch Humoraufgaben.
- Es ist leichter, bei Stress den Humor nicht zu verlieren, wenn man das vorher ohne Stress übt.
- Ziel der Gruppe ist es nicht, aus den Teilnehmern Komödianten oder Alleinunterhalter zu machen.
- Es geht darum, den eigenen Humor wiederzuentdecken, um mit Stress und Belastungen besser fertig zu werden.
- Jetzt, in der ersten Sitzung, beschäftigen wir uns deshalb mit dem eigenen Humor – in der Kindheit, der Jugend und aktuell.

Erwartungen der Teilnehmer

Es hat sich bewährt, im Anschluss an die Vorstellung des Trainingsablaufs nach den spezifischen Erwartungen und Zielen der Teilnehmer zu fragen. Diese sollten notiert werden, sodass sie zu einem späteren Zeitpunkt wieder aufgegriffen werden können. Falls unrealistische Erwartungen auftreten, können und sollten diese direkt korrigiert werden.

Die Klärung der Erwartungen kann wieder, abhängig von der zur Verfügung stehenden Zeit und der Gruppengröße, auf zwei verschiedene Arten erfolgen:

1. Wenn die Gruppe eher klein ist oder nicht so viel Zeit zur Verfügung steht, können die einzelnen Teilnehmer ihre Ziele der gesamten Gruppe vorstellen (z. B. welchen Aspekt ihres eigenen Sinns für Humor sie besonders gerne verbessern möchten).
2. Die Teilnehmer können sich aber auch in einem Paarinterview gegenseitig nach ihren Trainingszielen befragen. Anschließend stellt dann ein Partner die Ziele des anderen vor. Letzteres fördert das gegenseitige Kennenlernen und kann für Patienten einfacher und stressfreier sein.

Wenn es die Zeit erlaubt, kann hier ein kurzes Spiel zur Auflockerung folgen, z. B. dieses:

Auflockerungsübung ☺

Hokuspokuszauberei

Ziel dieses Spiels ist, dass sich jeder Teilnehmer nach Anweisung bewegt und in verschiedene Rollen schlüpft. Ein etwas größerer Raum mit genügend Bewegungsfreiheit ist deshalb vorteilhaft. Wenn gewünscht, kann dazu auch eine geeignete Begleitmusik abgespielt werden.

Alle Teilnehmer bewegen sich durcheinander durch den Raum. Der Trainingsleiter steht auf einem Stuhl und »verzaubert« die Teilnehmer mit den Worten: Simsalabim. Ich verzaubere Euch alle …

- … in wilde Hunde, die sich ankläffen.
- … in Roboter auf dem Mond.
- … in Affen.
- … in Krokodile, die sich gegenseitig in die Beine beißen.
- … in Kamele, die die Sahara durchqueren.
- … in Motorräder auf dem Ring.
- … in Reiter/Dressurreiter auf dem Pferd.

Natürlich kann auch ein anderes, vom Trainer vorbereitetes Spiel gespielt werden. Am Ende des Manuals finden Sie unsere »Spielekiste« (s. S. 109ff.) mit weiteren Anregungen und eine Übersicht aller im Text erwähnten Spiele, denn manche lassen sich auch zwischen den Sitzungen austauschen. Alternativ kann in dieser 1. Sitzung zur Zeitersparnis auch die witzige Übung »Testen Sie Ihr Stressniveau« (http://www.ecoglobe.ch/motivation/d/stresstest.htm) als Auflockerungsübung verwendet werden. Der Trainer sollte den Teilnehmern vermitteln, dass mit dem Test überprüft werden kann, ob ein Humortraining zur Stressbewältigung für sie geeignet ist. Den Teilnehmern werden zunächst der Erklärungstext und anschließend das Bild präsentiert, was meist zu Gelächter führt. Die Teilnehmer erkennen, dass ihr »Stressniveau« offensichtlich erhöht und somit ein Humortraining »dringend indiziert« ist.

Diskussion »Warum ist der Sinn für Humor so wichtig?«

Als Anknüpfungspunkt für die weitere Diskussion über die Bedeutung und Funktion von Humor kann dann der Trainer die Teilnehmer um Handzeichen bitten und sie fragen, wer von ihnen der Meinung ist, seine Arbeitskollegen sollten mehr Humor haben (vgl. McGhee 1996). Die meisten Teilnehmer werden dann die Hand heben. Als Nächstes sollen diejenigen die Hand heben, die der Meinung sind, dass ihre Ehepartner mehr Humor haben sollten. Dann sollen diejenigen die Hand heben, die der Ansicht sind, ihre behandelnden Therapeuten, Pflegepersonal oder Mitpatienten sollten mehr Humor haben. Auch hier werden wohl die meisten Teilnehmer die Hand heben.

Anhand dieser kleinen Umfrage zeigt sich, dass man offensichtlich gerne mit Menschen zusammen ist, die Sinn für Humor haben, was jedoch nicht bedeuten muss, dass diese ständig Witze machen oder herumalbern müssen. Stattdessen wird es als angenehm erlebt, wenn die Mitmenschen nicht alles allzu ernst nehmen. Durch das Handzeichen wird den Gruppenmitgliedern zudem verdeutlicht, dass auch sie selbst angesprochen sind und z. B. Mitpatienten sich von ihnen mehr Sinn für Humor wünschen. Der Sinn für Humor ist also offensichtlich eine sehr wichtige Eigenschaft (zur Verdeutlichung kann hier das Zitat von Frank Moore Colby auf ▸ Folie 3 verwendet werden): »Es ist leicht zuzugeben, dass man ein Gebiss trägt oder ein Toupet oder dass man Brandstiftung, einen Mord oder Landesverrat begangen hat. Aber niemand würde zugeben, dass er keinen Sinn für Humor hat.« (Colby 1904)

Die Teilnehmer sollen diskutieren, warum sie den Sinn für Humor für eine wichtige Eigenschaft halten. Der Trainer kann z. B. auf einer Tafel oder einem Flipchart die genannten Punkte sammeln und anschließend strukturieren bzw. noch fehlende Punkte ergänzen. Besonders relevant erscheint es uns, folgende Punkte herauszuarbeiten:

Sinn für Humor ist wichtig,
- **um sich selbst aufheitern zu können.** Wer sich in schwierigen Situationen auf seinen Sinn für Humor verlassen kann, kann Ärger, Angst oder Niedergeschlagenheit vermeiden. Der Sinn für Humor kann helfen, eine schlechte Stimmung

in eine heiterere Stimmung zu verwandeln, ohne dass es dafür notwendig ist, vor Witz zu sprühen.
- **als sozialer Faktor.** Humor kann die Kommunikation erleichtern, kann helfen, Konflikte zu beheben oder andere von der eigenen Meinung zu überzeugen. Außerdem sind humorvolle Personen beliebt und man ist gern mit ihnen zusammen.
- **da er einen positiven Einfluss auf die Gesundheit und das Wohlbefinden haben kann.** Humor kann Teilaspekte von Gesundheit wie die Schmerzwahrnehmung beeinflussen und das subjektive Wohlbefinden sowie die Zufriedenheit mit der eigenen Gesundheit verbessern (vgl. Svebak et al. 2004; Zweyer et al. 2004). Für einen direkten gesundheitsfördernden Effekt von Humor und Lachen, wie oft postuliert wird, fehlt allerdings bislang ein empirischer Beleg.
- **um mit Stress besser umgehen zu können.** Humor ermöglicht eine innerliche Distanzierung von Stress und belastenden Ereignissen. Einer belastenden Situation mit Humor begegnen zu können, vermittelt das Gefühl, sie unter Kontrolle zu haben.

Diskussion »Was bedeutet es, Sinn für Humor zu haben?« (▶ Folie 4)

Dass das Analysieren von Humor ein schwieriges Unterfangen ist, hat der amerikanische Autor und Komiker E.B. White einmal treffen so formuliert: »Humor zu analysieren ist wie einen Frosch zu sezieren. Kaum jemand interessiert sich dafür und der Frosch stirbt dabei.« (zit. n. Gale 1988, ▶ Folie 5) In dieser Diskussion soll dennoch näher definiert werden, was mit dem Begriff »Sinn für Humor«, von dem nun schon so häufig die Rede war, genau gemeint ist. Die Teilnehmer sollen motiviert werden, ihre eigenen Definitionen zu nennen, allerdings soll hier vom Übungsleiter auch die Definition des Sinns für Humor von McGhee (1996), die diesem Trainingsprogramm zugrunde liegt, vermittelt werden. McGhee geht davon aus, dass Sinn für Humor anhand von fünf Eigenschaften zum Ausdruck kommt, die einzeln oder in Kombination vorliegen können (s. Karteikarte »Was bedeutet es, Sinn für Humor zu haben?«):

- **Den Humor anderer wertzuschätzen.** Diese Eigenschaft zeigt sich z. B. in Vorlieben für Witze, Komödien, lustige Geschichten oder jede andere Form von Humor, die nicht von einem selbst produziert wird. Diese Eigenschaft trifft ja auf die meisten Menschen zu und ist ein guter Ausgangspunkt, um andere Aspekte des Sinns für Humor zu trainieren.
- **Sich selbst humorvoll zu verhalten.** Unterschiedliche Möglichkeiten für humorvolles Verhalten sind denkbar. Man kann z. B. ein guter Witzerzähler sein oder ein Talent für schlagfertige, witzige Bemerkungen haben. Oder man kann Humor mit dem Körper ausdrücken, wie vor allem Kinder, Clowns oder Slapstick-Komiker es tun (Grimassen schneiden, herumblödeln etc.).

- **Humor im Alltag sehen zu können.** Alltägliche Ereignisse haben oft eine witzige Seite, die man erst bei näherem Hinsehen entdeckt. Diese kann sich in der berühmten »Ironie des Schicksals« äußern oder in der absurden Wiederkehr der immer gleichen Routinen à la »Und täglich grüßt das Murmeltier«. Auch wenn mal etwas schief läuft, kann es daran etwas zu lachen geben. Wer in Alltagssituationen etwas Lustiges finden kann, dem gelingt dies auch leichter in Stresssituationen.
- **Über sich selbst lachen zu können.** Über sich selbst zu lachen, ist oft nicht gerade einfach. Weil es jedoch sehr entlastend sein kann, über eigene Schwächen lachen zu können, anstatt sich dafür zu schämen, ist diesem Thema eine eigene Trainingseinheit gewidmet (s. 6. Sitzung).
- **In Stresssituationen Humor einsetzen zu können.** Diese Fähigkeit bedarf ebenfalls einiger Übung, da es passieren kann, dass einen auch der bestausgebildete Sinn für Humor in Stresssituationen verlässt. Auch hierfür ist deshalb eine eigene Trainingseinheit vorgesehen (s. 7. Sitzung).

Der Übungsleiter geht auf die Schwierigkeiten bei der Definition von Humor ein, vermittelt, dass bislang zwar noch keine einheitliche Begriffsdefinition vorliegt, jedoch kognitive Aspekte von Humor (z. B. muss man in der Lage sein, Humor zu verstehen), emotionale Aspekte (die Emotion Erheiterung) sowie Verhaltens- und soziale Aspekte (Lachen, lächeln) eine Rolle spielen. Auch Unterschiede in den Humorvorlieben zwischen den Geschlechtern können in die Diskussion mit eingehen. Diskussionswürdig sind in diesem Zusammenhang auch negative Aspekte von Humor, auf die ebenfalls unbedingt eingegangen werden muss (z. B. rassistische oder sexistische Witze, Sarkasmus etc., wodurch eine ausgrenzende Wirkung erzielt wird und andere verletzt werden können). Hier kann z. B. angesprochen werden, dass der Kontext, in welchem Humor auftritt, eine wesentliche Rolle spielt und beachtet werden muss. Es kann z. B. unangemessen sein, in einer ernsten Situation ständig Witze zu machen.

Diskussion »Der eigene Sinn für Humor«

Als Einstieg können hier verschiedene Witze (▸ Folien 6–8) und Cartoons dienen (die man sich ohne Probleme für diesen Zweck im Internet besorgen kann, die wir aber aus Copyright-Gründen nicht im Buch abdrucken können). Mithilfe der Beispiele können unterschiedliche Humorvorlieben deutlich werden und die Teilnehmer sollen sich über ihre eigenen Humorvorlieben austauschen, z. B. indem sie berichten, ob und warum sie die verwendeten Beispiele lustig finden oder auch nicht.

> **Übung** ☺
>
> Der eigene Sinn für Humor
> Jeder Teilnehmer sucht sich einen Partner, mit dem er sich über folgende Fragen austauscht, um sich die Besonderheiten des eigenen Sinns für Humor und mögliche Einflussfaktoren zu vergegenwärtigen:
> - Wie unterscheidet sich mein Sinn für Humor heute von meinem Sinn für Humor als Kind? War ich als Kind sehr lustig oder eher ernst? Wie waren die Eltern? Wie haben die Eltern auf meinen Humor reagiert? Wer hat mich beeinflusst?
> - Wo zeigt sich heute am ehesten, dass ich Sinn für Humor habe (zu Hause, bei der Arbeit, mit Freunden)? Wo verlässt er mich?

Humoraufgaben

(Karteikarte Humoraufgaben 1)
- Suchen Sie sich jeden Tag etwas Witziges aus professioneller Quelle.
- Wenn Sie Profis zuschauen: Analysieren Sie den Stil! Welche Aspekte davon passen am besten zu Ihnen? Können Sie das nachmachen?
- Suchen Sie sich jede Woche einen Cartoon, der eine Bedeutung für Sie hat, und hängen Sie ihn an sichtbarer Stelle auf. Bringen Sie Ihren Lieblingscartoon zur nächsten Stunde mit.
- Setzten Sie sich weiter mit Ihrem persönlichen Sinn für Humor auseinander. Was zeichnet ihn aus? Welche Einflüsse haben bei seiner Entwicklung eine Rolle gespielt? Was sagen Menschen, die Sie gut kennen über Ihren Sinn für Humor?

Die Aufgaben, auch die der weiteren Sitzungen, sollten als Möglichkeit, den Effekt des Trainings zu verstärken, aber nicht als Pflicht oder Zwang erklärt werden (deshalb sind es auch Humoraufgaben und keine Hausaufgaben wie früher in der Schule). Das Thema der nächsten Sitzung wird mit ▸ Folie 9 angekündigt.
Am besten wird jetzt auch geklärt, welcher der Teilnehmer ein Spiel als Auflockerungsübung für den Beginn der nächsten Sitzung mitbringen kann. Zum Abschluss der 1. Sitzung kann beispielsweise dieses Spiel eingesetzt werden:

> **Abschlussspiel** ☺
>
> Schlangenbändiger
> Benötigt werden eine Stoppuhr und pro Teilnehmer eine Papierserviette. Jeder Spieler soll aus seiner Papierserviette in einer Minute eine Schlange reißen. Wem gelingt die längste Schlange?

Kommentar

Am Anfang, wie bei jeder neuen Gruppe, sind die meisten Teilnehmer gehemmt, ängstlich und wollen am liebsten abwarten und erst mal sehen, was die anderen machen. Deshalb ist es gut, sie mit einer Aufwärmübung rasch aus der Reserve zu locken und Angst zu nehmen. Da kann dann auch gleich die Erfahrung gemacht werden, dass es auflockert und verbindet, wenn man gemeinsam etwas Witziges oder Spielerisches macht.

Vor allem bei Patienten mit Depression kann die Beschäftigung mit dem Sinn für Humor bewirken, dass sie bemerken, dass ihr Sinn für Humor ihnen nicht mehr so leicht zur Verfügung steht wie zu gesunden Zeiten. Diese Wahrnehmung eines weiteren Defizits kann zusätzlich deprimierend sein. Deswegen ist es besonders wichtig, zu betonen, dass es sich beim Sinn für Humor um eine Ressource handelt, die bei jedem Menschen angelegt ist, die aber nicht jeder Mensch auch nutzt (auch viele Gesunde nicht). Dass die Teilnehmer Sinn für Humor haben, haben sie bereits bewiesen, indem sie sich zur Teilnahme am Training entschlossen haben.

2. Sitzung: Ernsthaftigkeit im Endstadium? Der Wert einer spielerischen Haltung (▸ Folie 10)

Nach einer kurzen Begrüßung folgt gleich eine Auflockerungsübung.

Auflockerungsübung ☺

Wenn einer der Teilnehmer ein Spiel vorbereitet hat, sollte dies als Auflockerungsübung eingesetzt werden. Andernfalls kann der Trainer z. B. folgende, von Monty Python entlehnte Übung initiieren: Die Teilnehmer sollen sich vorstellen, dass der »Minister für komische Gangarten« der Gruppe einen Besuch abstattet und darum gebeten hat, dass alle in ihrer komischsten Gangart durch den Raum gehen (McGhee 1996).

Wiederholung der letzten Stunde

Die Themen und Ergebnisse der letzten Stunde sollen nochmals kurz wiederholt werden. Dies kann entweder durch eine kurze Zusammenfassung des Gruppenleiters geschehen oder indem die Teilnehmer kurz berichten, was ihnen aus der letzten Stunde in Erinnerung geblieben ist (z. B. Bedeutung von Humor, mögliche Definitionen des Begriffs etc.). Auch können, falls aus Zeitgründen in der letzten Stunde bestimmte Themen evtl. nicht mehr besprochen wurden, diese jetzt aufgegriffen werden. Als Zusammenfassung verschiedener Humordefinitionen wird die Karteikarte »Definitionen für Humor« ausgeteilt.

Besprechung der Humoraufgaben

Jeder Teilnehmer soll berichten, ob und wie es ihm gelungen ist, Humor in seinen Alltag zu integrieren und welche Erkenntnisse er über die eigenen Humorvorlieben gewonnen hat. Da sich die Teilnehmer nun seit der letzten Stunde intensiver mit dem Thema Humor auseinandergesetzt haben, ist es möglich, dass sich ihre Erwartungen an das Trainingsprogramm bzw. die Ziele, die sie erreichen möchten, geändert haben. Hierüber können sie dann ebenfalls berichten. Auch evtl. aufgetretene Schwierigkeiten oder Fragen bei der Erledigung der Humoraufgaben sollten in diesem Zusammenhang besprochen werden.

Einstieg in das Thema

Als Einstieg in das Thema der zweiten Sitzung kann das Zitat von Oscar Wilde (2000) »Das Leben ist zu wichtig, um es ernst zu nehmen« verwendet werden (▶ Folie 11). Anschließend wird durch den Gruppenleiter der – nicht allzu wörtlich zu nehmende – Begriff der »Ernsthaftigkeit im Endstadium« erläutert, auf den der Titel dieser Sitzung bereits hinweist. McGhee (1996) versteht hierunter einen Zustand, der durch eine tiefe, andauernde Ernsthaftigkeit gekennzeichnet ist und in dem keine Hoffnung auf »Heilung« besteht, vergleichbar etwa mit schweren körperlichen Erkrankungen im Endstadium. Die Rede ist dabei jedoch nicht von Situationen, in denen eine ernsthafte Haltung angemessen und notwendig ist, wie z. B. bei der Arbeit oder bei anderen verantwortungsvollen Aufgaben. Gemeint ist hier stattdessen die verminderte Fähigkeit, die ernsthafte Haltung abzulegen und eine spielerische Haltung einzunehmen, wenn die Situation es erlaubt oder erfordert, ohne jedoch deswegen ständig herumalbern zu müssen oder kindisch zu wirken.

> **Übung** ☺
>
> »Ernst oder nicht ernst – das ist hier die Frage«
> Um dies weiter zu vertiefen, werden die Teilnehmer gebeten, so viele Assoziationen wie möglich zu Personen zu nennen, die immer ernsthaft sind. Vermutlich werden den Teilnehmern eine Reihe von Eigenschaften – positive wie negative – einfallen, anhand derer verdeutlicht werden kann, wie Menschen mit »Ernsthaftigkeit im Endstadium« auf andere wirken und dass es wenig Spaß macht, mit solchen Menschen in Kontakt zu sein (vgl. Woody Allen-Zitat, ▶ Folie 12: »Die meiste Zeit habe ich nicht besonders viel Spaß. Die restliche Zeit habe ich gar keinen Spaß«; zit. n. Adler u. Feinman 1976), auch wenn diese z. B. in ihrem Beruf sehr kompetent, professionell und erfolgreich sind (McGhee 1996).

Als »Heilmittel« gegen »Ernsthaftigkeit im Endstadium« kann das Einnehmen einer spielerischen Haltung dienen, die es ermöglicht, verloren gegangene Freude, Lebendigkeit und Spaß wiederzuentdecken, und zugleich auch eine wichtige Voraussetzung für die Wahrnehmung humorvoller Ereignisse oder Situationen ist. Das Ziel besteht nun darin, zwischen der ernsthaften und der spielerischen Haltung hin- und herwechseln zu können, entsprechend den Erfordernissen der jeweiligen Situation, um so ein Gleichgewicht zwischen beiden zu erlangen.

Hat Spielen eine wichtige biologische Funktion?

Spielen bzw. die spielerische Haltung hat jedoch nicht ausschließlich mit Humor zu tun, sondern erfüllt auch wichtige biologische Funktionen, die hier erläutert werden sollen (▶ Folien 13–16). Auf den ersten Blick scheint das Spielen eine Tätigkeit ohne eigentlichen Zweck zu sein. Gespielt wird, so scheint es, gerade dann, wenn man nichts anderes Wichtiges zu tun hat. Bei näherer Betrachtung fällt jedoch auf, dass Spielverhalten bei Kindern und Erwachsenen jeden Alters zu finden ist (bei Kindern natürlich häufiger) und auch bei anderen Säugetieren, z. B. Hunden, Schimpansen oder Orang Utans. Es ist also davon auszugehen, dass dem Spiel eine wichtige entwicklungsgeschichtliche Bedeutung zukommt.

Spiel bei Tieren: je höher entwickelt, desto mehr!

Spielverhalten findet sich in Spezies einer niedrigeren Entwicklungsstufe seltener als bei höher entwickelten Lebewesen (Bekoff u. Byers 1998). Höher entwickelte Tiere verbringen 1–10 % ihrer Zeit mit Spielen, wenn sie sich nicht in Gefahr befinden und nicht gerade anderen wichtigen Beschäftigungen wie der Nahrungsaufnahme oder der Fortpflanzung nachgehen (Fagen 1981). Der Charakter des Spiels bei Tieren ist dabei stark an den Fähigkeiten orientiert, die sie zum Überleben und für die Anpassung an ihre Umwelt benötigen. Deswegen sind Kampfspiele, in denen die Tiere sich gegenseitig spielerisch angreifen, jagen, beißen etc. auch so häufig, vor allem bei den Jungtieren. Die evolutionsgeschichtliche und biologische Relevanz des Spiels ist also in seiner Bedeutung für das Einüben überlebenswichtiger Funktionen in einem sicheren Rahmen zu sehen.

Neben dieser Bedeutung des Spiels auf der Verhaltensebene kommt dem Spielen auch eine wichtige Funktion in der Gehirnentwicklung zu. Säugetiere, die ausgeprägteres Spielverhalten zeigen, haben auch relativ größere Gehirne und höhere Synapsenausbildung, vor allem im Kleinhirn, d. h. einer Region, die für die Bewegungskoordination und -kontrolle zuständig ist (Pérez-Barbería et al. 2007). Bei weniger entwickelten Arten lässt das Spielverhalten nach dem Eintritt in die Pubertät nach, während höhere Primaten, zu denen auch der Mensch zählt, während eines längeren Zeitraums ihrer Entwicklung spielen. Auch ihre Gehirnentwicklung nimmt eine längere Zeit in Anspruch und ist selbst im Erwachsenenalter noch nicht beendet – ebenso wenig wie das Spielen.

Spiel beim Menschen: je höher entwickelt, desto mehr?

Welche Fähigkeiten, die der Mensch im Kindesalter spielerisch trainiert, sind im Erwachsenenalter besonders wichtig? Wir sind im Vergleich zu den Tieren oder unseren Vorfahren seltener mit lebensbedrohlichen Situationen konfrontiert, die Kampf oder Fluch erfordern, daher ist für unser Überleben im modernen Alltag auch nicht so sehr unsere Schnelligkeit, Kraft oder motorische Geschicklichkeit entscheidend. Für uns moderne Menschen sind unser soziales Verhalten und unsere Intelligenz die bedeutsamsten Fähigkeiten. Entsprechend werden diese Fähigkeiten im kindlichen Spiel eingeübt und differenziert, wobei das Spielen überwiegend im sozialen Kontext auftritt (z. B. mit Geschwistern, Eltern, Altersgenossen) und außerdem eine Altersabhängigkeit zu beobachten ist. Im Spielverhalten jüngerer Kinder stellt körperliche Bewegung ein Hauptmerkmal dar (z. B. rennen, springen, klettern etc.). Ab einem Alter von ca. zwei Jahren sind Kinder dann zum symbolischen Spiel in der Lage (Wolfenstein u. Dundes 1954) und die kindliche Phantasie und Vorstellungskraft wird zum zentralen Element ihres Spiels.

An dieser Stelle kommt im wahrsten Sinne des Wortes der Humor ins Spiel. Humor bietet die Möglichkeit, intellektuelle Fähigkeiten auf spielerische Art zu trainieren (McGhee 1996). Auf humorvolle Art lassen sich Ideen und Vorstellungen in Zusammenhang bringen, die auf den ersten Blick nichts miteinander zu tun haben oder sich sogar ausschließen. Das kreative Denken und das Repertoire an Problemlösungsfähigkeiten lassen sich hierdurch entscheidend fördern und erweitern. Dadurch können Humorfähigkeiten in unterschiedlichsten Belastungssituationen einen wichtigen Bewältigungsmechanismus darstellen. Außerdem kann man mit Humor Ansichten und Einsichten probeweise äußern, die Reaktionen der anderen abwarten und gegebenenfalls auch wieder »zurückrudern«. Humor ist insofern auch ein Spiel mit Ideen, Möglichkeiten oder Ansichten.

Auch wenn diese Fähigkeit zum spielerischen abstrakten Denken im kindlichen Spiel automatisch trainiert wird, ist sie häufig dann, wenn sie benötigt wird, nämlich im Erwachsenenalter, nicht mehr allzu gut ausgeprägt. Die Erziehung im Elternhaus oder der Schule vermittelt den Kindern oftmals eher, dass diese ernst und vernünftig sein müssen und keinen Blödsinn machen sollen, um im Leben voranzukommen.

Die spielerische Haltung zurückgewinnen

Die Teilnehmer werden gebeten, ihre Gedanken zum Zitat auf ▶ Folie 17 mitzuteilen: »Die Vergangenheit ist wie ein gesperrter Scheck, der nicht mehr eingelöst werden kann. Die Zukunft ist ein Gutschein, der vielleicht nie eingelöst wird. Die Gegenwart ist Bargeld, gib es mit Bedacht aus.« (Anonym) Sie sollen vor allem darauf eingehen, wie sie die Aufforderung, »das Bargeld mit Bedacht auszugeben«, verstehen. Eine naheliegende Interpretation ist sicherlich, dies als Aufforderung zu einer gegenwartsorientierten Lebensweise zu verstehen, einer Konzentration auf das »Hier und Jetzt«. Im Alltag fällt dies den meisten Menschen außerordentlich schwer, da eine achtsame Wahrnehmung der Gegenwart durch vielfältigste Ablenkungen beeinträchtigt wird. Demgegenüber ist das Versunkensein in eine spielerische Tätigkeit, wie man es bei spielenden Kindern beobachten kann, eine gute Übung für die Konzentration auf den Moment. Natürlich soll nicht der Eindruck entstehen, dass allein durch eine spielerische Haltung nun alle beruflichen und privaten Probleme zu lösen seien oder dass der Ernsthaftigkeit keinerlei Raum mehr gegeben werden sollte. Stattdessen sollen die Teilnehmer lernen, das Einnehmen einer spielerischen, unbeschwerten Haltung als eine zusätzliche Fertigkeit anzusehen, über deren Anwendung sie in der jeweiligen Situation selbst entscheiden können. Wenn dies gelingt, ist es, wie das Zitat auf ▸ Folie 18 nahelegt, nie zu spät für eine glückliche Kindheit.

Praktische Übungen

Da in dieser Sitzung das Thema Spielen im Mittelpunkt steht, sollen die Teilnehmer natürlich auch viel Gelegenheit zum Spielen bekommen. Die Möglichkeiten hierfür sind vielfältig und die Gestaltung dieses Teils bleibt der Fantasie des Trainingsleiters überlassen. Es können z. B. klassische Gemeinschaftsspiele wie »Memory«, »Mensch ärgere Dich nicht« oder »Fang den Hut« gespielt werden. Genauso gut eignen sich aber auch reine Gruppenspiele, die abhängig von der verfügbaren Zeit und der Gruppenzusammensetzung ausgewählt werden können. Im Folgenden werden einige Beispiele vorgegeben. Natürlich sind aber auch alle anderen Arten von Gruppenspielen denkbar, die entweder der Gruppenleiter vorbereitet oder die von den Teilnehmern initiiert werden können.

Personenraten
Benötigt werden für jeden Mitspieler ein Haftnotizzettel und ein Stift.
Jeder Mitspieler schreibt auf einen Haftnotizzettel den Namen einer bekannten Persönlichkeit. Diesen Zettel klebt er einem Mitspieler auf die Stirn; natürlich darf dieser nicht lesen, was auf dem Zettel steht. Nun versuchen alle der Reihe nach, durch Befragen der anderen herauszufinden, wer sie selbst sind. Auf alle Fragen darf nur mit »Ja« oder »Nein« geantwortet werden. Wenn eine Frage von der Gruppe mit »Nein« beantwortet wurde, ist der nächste Spieler dran.

Siamesischer Fußball
Es werden zwei Mannschaften gebildet, in denen die Mitspieler immer paarweise spielen. Benötigt werden ein Ball und mehrere Tücher (eines pro Spielerpaar). Jedes Spielerpaar bindet mit dem Tuch das linke Bein des einen Partners und das rechte Bein des anderen zusammen und wird so zu »Siamesischen Zwillingen«. Die eine Hälfte der Paare bildet ein Team, die andere das andere Team. Jedes Team versucht den Ball über das Gegnerfeld vorwärts zu treten (wenn manche Paare deutlich überlegen sind, neue Paare zusammenstellen).

Obstsalat
Die Mitspieler sitzen im Kreis. Der Spielleiter beginnt, die Zutaten für den Obstsalat einzukaufen. Er sagt z. B. »Apfel« und zeigt auf einen Mitspieler. Der wiederholt und ergänzt die Liste weiter: »Apfel, Birne«. Der dritte Mitspieler wiederholt und fügt eine Frucht mit C an und so weiter, bis jemand nicht mehr weiterweiß. Dieser Teilnehmer scheidet dann aus, während die anderen ihren Einkauf fortsetzen. Schwieriger wird es, wenn man nicht nach dem Alphabet spielt, sondern beliebige Obstsorten nennen darf.

Vor Bekanntgabe der Humoraufgaben wird mit ▸ Folie 19 auf das Thema des nächsten Treffens hingewiesen.

Humoraufgaben

(Karteikarte Humoraufgaben 2)
- Machen Sie ein verrücktes Foto von sich selbst.
- Machen Sie eine Liste der Dinge, die Ihnen Spaß machen, und tun Sie davon zwei pro Tag.
- Beobachten Sie Kinder beim Spielen.
- Kleben Sie rote Punkte als Erinnerung ans Spielen auf.
- Tun Sie jeden Tag eine verrückte Sache.

Kommentar
Oft sind die Teilnehmer zunächst skeptisch, ob Spielen wirklich etwas mit Humor zu tun hat. Auch hier ist deshalb wieder die Selbsterfahrung wichtig! Es hilft auch, den Aspekt des Ausprobierens zu betonen, der ja dem Spielerischen zu eigen ist. Ebenso sollte auch erwähnt werden, dass es in dieser Art von Spielen nicht darum geht, möglichst perfekt zu sein.
Natürlich sollten bei der Auswahl der Spiele erkrankungsbedingte kognitive und motorische Beeinträchtigungen der Teilnehmer berücksichtigt werden, damit alle auch Freude an der spielerischen Aktivität erleben können und nicht durch zu anspruchsvolle Spiele frustriert oder entmutigt werden.

3. Sitzung: Witze erzählen und lachen (▸ Folie 20)

Auflockerungsübung ☺

Luftballonspiel
Pro Mitspieler werden ein Luftballon und etwas Schnur benötigt. Außerdem ein etwas größerer Raum, in dem sich die Teilnehmer frei bewegen können, sowie Tanzmusik. Jeder bläst seinen Luftballon auf und bindet ihn sich mit etwas

> Schnur an das rechte Bein. Zu der Musik bewegen sich alle durch den Raum und jeder versucht, die Ballons der anderen zu zertreten, aber den eigenen zu schützen.

Wiederholung der letzten Stunde

In der kurzen Wiederholung der Inhalte der letzten Stunde sollte vor allem nochmals auf die Unterscheidung zwischen »Ernst« (d. h. der Ernsthaftigkeit, die z. B. bei der Arbeit an den Tag gelegt wird und häufig mit Kompetenz, Leistungsfähigkeit etc. in Zusammenhang gebracht wird) und »Spiel« eingegangen werden. Die Teilnehmer sollen auch nochmals die Frage aufgreifen, ob Kompetenz in wesentlichen Belangen des Lebens (z. B. der Arbeit) und eine spielerische innere Haltung einander ausschließen.

Besprechung der Humoraufgaben

Jeder Teilnehmer berichtet kurz, ob und wie es ihm gelungen ist, täglich etwas zu tun, was ihm Spaß macht, und ob es gelungen ist, sich »spielerisch« zu verhalten.

Witze und lustige Geschichten erzählen

In diesem Teil der Sitzung liegt der Schwerpunkt auf dem Erzählen von Witzen oder lustigen Geschichten. Der Vorteil von Witzen liegt in ihrer Kürze und schnellen Erlernbarkeit. Die Fähigkeit, andere zum Lachen zu bringen und in verschiedenen, auch schwierigeren Situationen mit einer passenden humorigen Bemerkung zu reagieren, stellt eine wichtige soziale Fähigkeit dar, die mit Hilfe von Witzen leicht trainiert werden kann. Um den Teilnehmern den Sinn der nun folgenden Informationen und Übungen zu vermitteln und ihnen die Technik des Witzerzählens näherzubringen kann folgende Formulierung verwendet werden (vgl. McGhee 1996):

> **Spickzettel**
> Dieser Teil der Sitzung ist dem Erzählen von Witzen und lustigen Geschichten gewidmet. Mit Witzen kann man andere Menschen zum Lachen bringen und wer das kann, ist in der Regel sehr beliebt. Das Witzerzählen hilft, die eigenen Kommunikationsfähigkeiten zu trainieren und kann, wenn es richtig eingesetzt wird, sehr hilfreich sein, um schwierige Situationen zu erleichtern. Sogar in diplomatischen Beziehungen zwischen einzelnen Staaten setzen Politiker witzige Bemerkungen oder lustige Geschichten ein, um Spannungen zu reduzieren. Henry Kissinger, der ehemalige amerikanische Außenminister, hat

> z. B. häufig Witze verwendet, um die eisige Stimmung zwischen den USA und der Sowjetunion während des Kalten Krieges zu verbessern. Sollten Sie bisher nie versucht haben, Witze zu erzählen, fangen Sie am besten mit nur einem an – einem, den Sie auch selbst witzig finden!

Was ist wichtig beim Witzerzählen?

Um einige Grundregeln des Witzerzählens zu vermitteln, können die ▶ Folien 21–24 benutzt werden. Es sollten folgende Punkte angesprochen werden (McGhee 1996):

- Ein häufiger Fehler beim Witzerzählen ist, sich die Pointe nicht zu merken, wodurch der gesamte Witz verdorben wird. Hier kann es hilfreich sein, sich in erster Linie die Pointe einzuprägen, da die restlichen Inhalte des Witzes leicht um die Pointe herum rekonstruiert werden können.
- Um den Einstieg zu erleichtern, sollte der ungeübte Witzerzähler einen Witz zuerst im Familien- oder Freundeskreis ausprobieren. Hier ist die Gefahr, sich zu blamieren, gering, selbst wenn doch einmal die Pointe vergessen wird. Wer sich damit sicher fühlt, kann das Publikum auf Personen außerhalb des Freundes- oder Familienkreises (z. B. Arbeitskollegen, wenn die Situation passend erscheint) erweitern.
- Eine gute Möglichkeit, das Witzerzählen zu üben ist es, andere zu fragen, ob sie einen neuen Witz kennen. Wenn die Angesprochenen selbst gern Witze erzählen, werden sie diese Gelegenheit nutzen, um einige davon zum Besten zu geben. Man selbst hat dadurch die Möglichkeit, neue Witze zu lernen und im Gegenzug auch selbst den einen oder anderen zu erzählen.
- Besonders gute Witze sollte man sich in einem extra Notizbuch aufschreiben. Dadurch kann eine ganze Witzsammlung entstehen und man kann leichter auf Witze zurückgreifen, die für bestimmte Situationen passend sind. Eine Sammlung mit guten Witzen kann auch nützlich sein, wenn man sich selbst ein wenig aufheitern möchte.
- Witze mit einem Bezug zur aktuellen Situation sind natürlich besonders wirkungsvoll. Dies könnten z. B. Witze über die Bahn während einer Zugfahrt, Witze zum politischen Tagesgeschehen etc. sein. Wenn man einen neuen Witz hört, ist es hilfreich, sich zu fragen, in welcher Situation man ihn passend einsetzen könnte.
- Vorhandene Witze ohne aktuellen Bezug können auch leicht abgewandelt werden, um einen aktuellen Bezug herzustellen, z. B. bei Witzen über Berufsgruppen. Dabei, wie auch beim vorangegangenen Punkt ist es jedoch immer wichtig, darauf zu achten, dass niemand der anwesenden Personen sich durch den Witz gekränkt oder herabgesetzt fühlt. Als Faustregel gilt hier, dass nur Witze über Gruppierungen oder Personen gemacht werden, die von der Zuhörerschaft nicht übermäßig geschätzt werden (z. B. die Konkurrenzfirma, eine politische Partei oder andere Organisation).

- Wenn die Zuhörer trotz aller Anstrengung doch nicht lachen, kann man sich auch damit trösten, dass Humorforscher, die ihren Probanden Witze vorlegen, sich bereits über eine Ausbeute von 33 % freuen (das heißt, wenn jeder dritte Witz als witzig beurteilt wird).

Diese Regeln können durch Beispiele von Witzen noch weiter verdeutlicht werden oder die Teilnehmer können selbst entsprechende Beispielwitze (z. B. für bestimmte Situationen unpassende Witze) erzählen. Weil es vielen Teilnehmern schwerfällt, spontan Witze zu erzählen, kann man stattdessen aus einem beliebigen Witzbuch mehrere unterschiedliche Seiten kopieren und jedem Teilnehmer eine andere Seite geben mit der Aufgabe, den Witz auszusuchen, der ihm selbst am besten gefällt und ihn vorzutragen. Außerdem sollten die Karteikarten mit den »goldenen Regeln des Witzerzählens« ausgeteilt werden.

Lachen (▶ Folie 25)

Der erste Teil dieser 3. Sitzung widmet sich dem Lachen. Vor der Darstellung einiger Hintergrundinformationen zu dem Thema wird eine Lachübung durchgeführt, bei der die Teilnehmenden Gelegenheit haben, die körperlichen und emotionalen Veränderungen beim Lachen aufmerksam zu verfolgen. Diese Übung kann mit folgender Instruktion durchgeführt werden (vgl. McGhee 1996):

Lachübung 😊

Schließen Sie bitte Ihre Augen und halten sie geschlossen. – Ziehen Sie Ihre Mundwinkel nun langsam immer weiter nach oben, bis ein breites Lächeln zu sehen ist. – Kehren Sie jetzt wieder zu ihrem normalen Gesichtsausdruck zurück. – Und jetzt wieder zu dem Lächeln. – Wechseln Sie zwischen den beiden Gesichtsausdrücken hin und her. Beobachten Sie, ob sich ihr Befinden ändert. – Jetzt ballen Sie ihre Fäuste und beißen Ihre Zähne zusammen. – Beobachten Sie, wie sich das anfühlt. – Halten Sie diese Position und atmen Sie rasch und oberflächlich ein und aus. – Beobachten Sie wieder, wie sich das anfühlt. – Versuchen Sie jetzt bitte, sich an eine Gelegenheit zu erinnern, bei der Sie von Herzen gelacht haben. Das kann erst vor Kurzem gewesen sein oder auch schon länger zurück liegen, z. B. in der Kindheit. – Stellen Sie sich die Situation so lebendig wie möglich vor. – Welche anderen Personen waren außer Ihnen anwesend? Was hat Sie in dieser Situation zum Lachen gebracht? – Wenn Sie lachen müssen, lachen Sie ruhig. – Jetzt denken Sie bitte an eine Zeit zurück, in der Sie sehr deprimiert waren. – Nehmen Sie auch eine deprimierte Körperhaltung ein. – Sagen Sie zu sich selbst »Ich bin so deprimiert.« – Lassen Sie Ihren Kopf hängen. – Lassen Sie Ihre Schultern hängen. – Seufzen Sie tief. – Lassen Sie Ihre Schultern noch weiter runterhängen. – Seien Sie so deprimiert, wie Sie

> nur können. – Übertreiben Sie Ihre Deprimiertheit. – Das darf ruhig ein bisschen albern wirken. – Es ist in Ordnung, wenn man beim Deprimiertsein ein bisschen albern ist. – Zeigen Sie, wie deprimiert Sie sind. – Wenn Sie wollen, können Sie die Augen öffnen und schauen, wie deprimiert die anderen sind. – So, das ist ein guter Zeitpunkt, um damit aufzuhören.

Die Instruktion kann natürlich noch durch andere, sinnvoll erscheinende Punkte ergänzt werden. Im Anschluss werden die Teilnehmer gebeten, mitzuteilen, ob sie während der Übung emotionale Reaktionen bemerkt haben und wenn ja, welche. Welchen Einfluss hatte das Lächeln, Fäuste ballen, Lachen und das deprimierte Verhalten auf die Stimmung? Kann ein Verhalten, das mit einer bestimmten Emotion assoziiert ist, diese Emotion auslösen? Ist es für die Teilnehmer vorstellbar, dass sie durch häufigeres, intensiveres Lachen ihre Stimmung verbessern könnten? Können Sie dem jüdischen Sprichwort: »Was die Seife für den Körper ist, ist das Lachen für die Seele« zustimmen (▸ Folie 26)?

Verwendet werden kann auch jede andere Übung, wenn der Übungsleiter die Erfahrung gemacht hat, dass damit sehr wahrscheinlich Lachen bei den Teilnehmern hervorgerufen wird. Dies lässt sich nutzen, um sich selbst beim Lachen zu beobachten.

Was passiert beim Lachen?

Im Folgenden werden die körperlichen und psychischen Reaktionen beim Lachen dargestellt. Zur Illustration können die ▸ Folien 27–30 verwendet werden.

- **Körperliche Reaktionen:** Beim Lachen sind eine Reihe verschiedener Muskeln beteiligt, die zunächst stark kontrahieren und sich anschließend wieder entspannen. Es bilden sich charakteristische Falten um die Augen und auf der Nase, die Nasenlöcher werden weiter und die Lidspalte wird enger. Die Mundwinkel werden nach oben gezogen und der Mund wird geöffnet. Das Zwerchfell kontrahiert rhythmisch und die Bauchmuskeln pressen die Luft aus den Lungen. Die Atmung wird beschleunigt und es wird angenommen, dass dies den Sauerstoffaustausch erhöht. Danach kommt der Körper wieder zur Ruhe und die beteiligten Muskeln entspannen sich.
- **»So tun als ob«:** Wie in der Eingangsübung deutlich wurde, kann ein Verhalten, das mit einer Emotion verbunden ist, die entsprechende Emotion auch auslösen. Wenn man sich also verhält, als wäre man ärgerlich oder glücklich, fühlt es sich – bis zu einem gewissen Grad – auch tatsächlich so an. Deswegen verwenden z. B. Schauspieler für ihre Rollen diese Technik. Entsprechend kann auch ein willkürlich erzeugter mimischer Ausdruck, wie das Lachen oder Lächeln, eine positive Emotion triggern bzw. helfen, sie zu empfinden.

Humor, Lachen und Gesundheit

Die Annahme, dass Humor und Lachen positive Auswirkungen auf die Gesundheit haben, ist bereits sehr alt. Beginnend bei Aristoteles haben zahlreiche Mediziner, Philosophen und auch Laien die Bedeutung dieser beiden Phänomene für die Gesundheit immer wieder betont. Sogar in der Bibel ist davon die Rede (vgl. ▸ Folie 29). Auch heute heißt es noch, Lachen sei die beste Medizin. Vor allem in den Medien wird immer wieder postuliert, dass Humor und Lachen beispielsweise das Immunsystem stärken, die Durchblutung verbessern oder die Muskulatur kräftigen, ähnlich wie sportliche Betätigung. Zwar liegen einige Studien zu Einflüssen von Humor und/oder Lachen auf verschiedene funktionelle Systeme (z. B. Immunsystem, Herz-Kreislauf-System) oder bestimmte körperliche Vorgänge (z. B. Schmerzwahrnehmung) vor (s. z. B. McGhee 2010b, S. 14ff.), allerdings lassen die bisherigen Befunde keine abschließende Einschätzung zu, da oftmals widersprüchliche Ergebnisse auftraten oder die Studien methodische Probleme aufwiesen (vgl. Martin 2001). Neuere Studien weisen interessante Ansätze auf und es fanden sich erste Hinweise auf positive Effekte von Humor bzw. Lachen im Zusammenhang mit spezifischen Erkrankungen, z. B. koronarer Herzkrankheit (Goldstein et al. 1988; Miller et al. 2006; Tan et al. 2007; Vlachopoulos et al. 2009), Asthma (Kimata 2004a), COPD (Brutsche et al. 2008), rheumatoider Arthritis (Ishigami et al. 2005; Leise 1993; Matsuzaki et al. 2006; Schmitt 1990; Yoshino et al. 1996), Diabetes (Hayashi et al. 2003; Hayashi et al. 2007; Nasir et al. 2005) und allergischen Hauterkrankungen (Kimata 2004a, 2004b). Allerdings besteht auch hier weiterhin Klärungsbedarf, welche Faktoren für diese Effekte verantwortlich waren. Fraglich ist z. B., welche Art von experimenteller Manipulation besonders gut ist (ist es z. B. das Anschauen von witzigen Filmen oder mit anderen auf witzige Art zu interagieren?), welche Rolle positiver Affekt im Allgemeinen spielt, d. h. inwieweit die Effekte spezifisch für positiven Affekt aufgrund von witzigen Stimuli sind, und natürlich auch, welche Rolle der Sinn für Humor dabei spielt.

Relativ gut belegt ist inzwischen, dass insbesondere die Krankheitsverarbeitung und die Zufriedenheit mit der gesundheitlichen Situation mit dem Sinn für Humor korrelieren (Svebak et al. 2004). Auf diese Art tragen Humor und Lachen zur Lebensqualität bei, wenn auch ein direkter Einfluss auf Gesundheitsfaktoren noch nicht zweifelsfrei nachgewiesen werden konnte.

Emotionale Ansteckung

Wichtiger als körperliche Effekte sind aber die psychischen und sozialen Wirkungen: Lächeln und Lachen machen es dem Gegenüber schwer, grimmig zu bleiben, denn Freude und Erheiterung sind so ansteckend wie kaum eine andere Emotion. Emotionale Ansteckung ist ein sehr schnell und teilweise unbewusst ablaufender Vorgang (Wild et al. 2001), der auch bei psychiatrischen Patienten funktioniert (Falkenberg et al. 2008) und den man sich natürlich auch in Konflikten zunutze machen kann.

Humor, Lachen und Optimismus

Um die wechselseitige Beeinflussung von Gedanken, Emotionen und Verhalten (vgl. auch ABC-Modell der Emotionen; Ellis 1962) zu erläutern, können die ▸ Folien 31–34 verwendet werden.

Das Vorhandensein einer positiven, optimistischen Stimmung erleichtert das Aufrechterhalten positiver und optimistischer Gedanken und Handlungen. In der Alltagspsychologie ist dieser Mechanismus unter dem Begriff »Positives Denken« (Carnegie 2004) weithin bekannt. Verwandte Konzepte sind Optimismus, Kontrollüberzeugungen, Selbstwirksamkeitserwartung oder positiv konnotierte Bewältigung. In verschiedenen Studien wurde über positive Effekte von Optimismus und Selbstwirksamkeitserwartung u. a. auf Leistung, Krankheitsbewältigung und gesundheitsförderndes Verhalten berichtet (Haltenhof et al. 2000; Peterson 2000; Steptoe et al. 1994). Auch in der Psychotherapie, vor allem der Depression, spielen Kontrollüberzeugungen, Selbstwirksamkeitserwartungen und Hoffnung eine wichtige Rolle und tragen bis zu 15 % zum Ergebnis einer Therapie bei (Lambert 1992). Ein wesentliches Ziel in der Psychotherapie der Depression ist es, den Patienten ein Gefühl der Kontrolle über ihr Leben zurückzugeben und eine positivere Perspektive auf sich selbst, die Umwelt und die Zukunft zu vermitteln. Humor als ein positiv-optimistischer Bewältigungsstil kann helfen, schwierige Situationen zu entschärfen oder abzumildern und dadurch Stress und Belastungen zu überwinden. Ein Kreislauf aus negativen Emotionen, Gedanken und Verhalten kann durch Humor und Lachen wirkungsvoll unterbrochen werden und eine Haltung erzeugen, die einer effektiven Problemlösung förderlich ist. Allerdings ist hier zu beachten, dass die erwähnten positiven Folgen einer optimistischen Haltung lediglich zu erwarten sind, wenn der Optimismus nicht zu Passivität verleitet, sondern eine Ausgangsbasis für zielgerichtetes Handeln bildet.

Lachen und Ausdruck anderer Emotionen

Wie oben bereits erwähnt, kann einerseits Lachen als Ausdruck einer positiven Emotion spontan auftreten, andererseits kann auch das bewusste und beabsichtigte Lachen entsprechende positive Emotionen induzieren. In manchen Fällen kann das Lachen jedoch auch einen bahnenden Effekt auf andere Emotionen haben und es kann vorkommen, dass z. B. eine länger unterdrückte traurige Stimmung durch das Lachen an die Oberfläche tritt. Dabei kann auch aus dem Lachen ein Weinen entstehen. Diese Möglichkeit sollte den Teilnehmern erläutert werden und es kann ihnen anhand des Beispiels verdeutlicht werden, dass Humor und Lachen in diesem Fall als eine Ausgangsbasis für die Auseinandersetzung mit verdeckten Emotionen (ggf. mit therapeutischer Unterstützung) dienen können.

Lachübung 😊

Falls gewünscht und wenn es für die Gruppe angemessen erscheint, kann an dieser Stelle auch eine weitere Lachübung zur Verdeutlichung des stimmungsaufhellenden Effekts durchgeführt werden: Hierfür können Zweiergruppen gebildet werden, die die Instruktion erhalten, für 20–30 Sekunden herzhaft zu lachen und alles zu tun, was notwendig ist, um diese Zeit durchzuhalten. Alternativ kann das Lachen auch durch den Gruppenleiter initiiert werden (wiederum für 20–30 Sekunden), wobei er sich dafür ebenfalls aller erforderlichen Hilfsmittel (z. B. Lachsack) bedienen kann.

Humoraufgaben

(Karteikarte Humoraufgaben 3)
- Lachen Sie viel – suchen Sie Situationen, in denen Sie lachen können.
- Treffen Sie Leute, mit denen Sie lachen können.
- Seien Sie optimistisch.
- Lernen Sie jeden Tag einen neuen Witz.
- Fragen Sie Freunde und Bekannte nach Witzen.
- Bleiben Sie weiter spielerisch.

Zusätzlich wird die Karteikarte »Optimismus« ausgeteilt und als Aufgabe die Auseinandersetzung mit dem eigenen Optimismus/Pessimismus gegeben. ▶ Folie 35 kündigt das Thema des nächsten Treffens an.

Abschlussübung 😊

Plitsch, Platsch
Die Spieler sitzen im Kreis und zählen der Reihe nach. Statt der Zahl Fünf aber sagt man »Plitsch«, statt der Zahl Sieben »Platsch«. Immer wenn diese beiden Zahlen vorkommen, muss Plitsch oder Platsch eingesetzt werden. Also: statt 15 Plitzschzehn. Alle zählen schnell. Wer zu lange nachdenkt, scheidet aus; ebenso, wer sich dreimal vertut.

Kommentar

Die meisten Teilnehmer zieren sich ein wenig beim Witzeerzählen und häufig fällt niemandem etwas ein. In dieser Situation ist es sehr hilfreich, Beispielwitze an der Hand zu haben. Erzählen Sie Ihren Lieblingswitz – im Zweifel kommt der besser an als ein mühsam ausgewählter, möglichst politisch »korrekter« Witz.

Im Trainingsteil »Lachen« könnte bei den Teilnehmern der Eindruck entstehen, es ginge darum, Probleme oder gar Erkrankungen »wegzulachen«. Dieser Eindruck sollte in jedem Fall vermieden werden, indem klar der Nutzen des Lachens als Ausgangspunkt für zielorientiertes Handeln aus einer positiveren Stimmungslage heraus betont wird.

4. Sitzung: Mit Worten spielen und Humor entstehen lassen (▶ Folie 36)

Auflockerungsübung

Wörtlich nehmen[9]
Die Teilnehmer gehen durch den Raum, der Spielleiter ruft ihnen Metaphern und Redensarten zu, die sie sofort wörtlich nehmen und in die Tat umsetzen, z. B.:
- jemandem einen Blick zuwerfen
- die Faust im Nacken spüren
- den zweiten Schritt vor dem ersten tun
- jemanden an der Nase herumführen
- etwas übers Knie brechen
- jemanden um die Ecke bringen
- jemanden auf den Arm nehmen
- jemanden vor den Kopf stoßen
- jemandem die kalte Schulter zeigen
- jemandem einen Bären aufbinden
- sich etwas in die Tasche lügen
- jemanden über den Tisch ziehen etc.

Wiederholung der letzten Stunde

In der kurzen Zusammenfassung der in der letzten Stunde bearbeiteten Themen sollte der Zusammenhang zwischen Emotionsausdruck und Emotion wiederholt werden. Es sollte daran erinnert werden, dass eine positive Emotion auch durch einen positiven Emotionsausdruck wie das Lachen erleichtert werden kann. Zusätzlich sollte nochmals der Nutzen von Witzen zur Verbesserung der kommunikativen Fähigkeiten unterstrichen werden.

---

9   Quelle: Lauer 2004, S. 49.

Besprechung der Humoraufgaben

Alle Teilnehmer sollten kurz berichten, welche Erfahrungen sie bei ihren Bemühungen, öfter und intensiver zu lachen, gemacht haben. Beispielsweise kann erfragt werden, ob die Teilnehmer versucht haben, sich zum Lachen zu »zwingen«? Hat dieses forcierte Lachen dem natürlichen Lachen zum Ausdruck verholfen? Hat sich das forcierte Lachen unnatürlich angefühlt? Wurde das herzhafte Lachen nach und nach einfacher? Welche Situationen wurden zum Üben genutzt? Welche Gedächtnisstützen wurden verwendet, um sich an die Lachübung zu erinnern?
Des Weiteren sollte erfragt werden, inwieweit es den Teilnehmern gelungen ist, optimistischer zu sein. Wie sind sie dabei vorgegangen? Wie haben andere Personen darauf reagiert? Wie haben die Teilnehmer das Witzerzählen erlebt? Haben sie neue Witze gelernt? Wie viele Witze? Wem haben sie sie erzählt? Wie waren die Reaktionen? Haben sie sich beim Witzerzählen in ihrer Haut wohlgefühlt? Haben die Teilnehmer andere nach ihren Lieblingswitzen gefragt? Haben sie sich neue Witze notiert? Welche Schwierigkeiten sind beim Erinnern und/oder Erzählen von Witzen aufgetreten? Gab es neue Erkenntnisse über das Witzerzählen? Fühlen sich die Teilnehmer jetzt als bessere Witzerzähler als zuvor? Inwiefern?

Einstieg in das Thema

Um zu erläutern, welche Aspekte des Humors in dieser vierten Sitzung im Vordergrund stehen, eignet sich besonders gut das Zitat des Briefwechsels zwischen George Bernard Shaw und Winston Churchill (▶ Folie 37): Der Schriftsteller George Bernard Shaw schrieb einmal an Winston Churchill: »Lieber Mr. Churchill, ich übersende Ihnen zwei Eintrittskarten für mein neues Stück, dass am Donnerstagabend uraufgeführt wird. Ich würde mich sehr freuen, wenn Sie kommen könnten. Bringen Sie auch gerne einen Freund mit, falls Sie einen haben.« – Churchill antwortete darauf: »Lieber Mr. Shaw, es tut mir leid, aber ich habe am Donnerstag schon etwas vor und kann deshalb nicht kommen. Ich komme aber gerne zur zweiten Vorstellung, falls es eine gibt.« (zit. n. Osgood 2004)
Beide waren für ihren schnellen und spontanen Witz bekannt, und auch wenn die Teilnehmer auf dieser Stufe des Trainings noch nicht über dieselbe Schlagfertigkeit verfügen können, haben sie sich doch in den vergangenen Wochen bewusst dem Thema Humor in allen Ausprägungen genähert, haben sich um eine spielerische Haltung bemüht, sich mit ihrem Lieblingshumor umgeben, sich im Witzerzählen geübt und dadurch viele wichtige Schritte unternommen, um bald auch selbst leichter eigenen Humor zu produzieren.
Humor kann auf unterschiedliche Weise ausgedrückt werden, in den meisten Fällen geschieht dies jedoch über die Sprache. In der letzten Sitzung kam dies beim Thema Witze deutlich zum Ausdruck. Aber auch der spontane Humor wird oft

über Sprache vermittelt, z. B. wenn witzige Alltagssituationen an andere Personen, die nicht dabei waren, weitererzählt werden.

Die eigenen sprachlichen Humorfähigkeiten zu trainieren ist eine wesentliche Grundlage der Stressbewältigung mit Humor. Deswegen werden in dieser Sitzung einfache Formen von verbalem Humor in stressfreien Situationen eingeübt, um so eine Gewöhnung an das Spiel mit Wörtern und Begriffen zu erlangen. Die Fähigkeit zur verbalen Humorproduktion steht dann in Stresssituationen leichter zur Verfügung. Die einfachste Form von verbalem Humor sind die Wortspiele.

Wortspiele

Wortspiele sind vor allem bei kleineren Kindern beliebt und wahrscheinlich können sich die meisten Teilnehmer nach kurzem Nachdenken an ihre eigene »Wortspielphase« erinnern. Kinder fangen etwa ab dem 5.–6. Lebensjahr an, Wortspiele zu verwenden, und haben dann große Freude daran, unablässig Witze oder Rätsel zu erzählen, die auf Wortspielen basieren (z. B. »Wie nennt man einen brutalen Schäfer? – Mähdrescher«; vgl. ▶ Folien 38–48). In diesem Alter haben Kinder bereits gut entwickelte sprachliche Fähigkeiten, die es ihnen erlauben, Mehrfachbedeutungen zu erkennen und damit zu experimentieren. Davor kennen sie zwar möglicherweise mehrere Bedeutungen desselben Begriffes, sind aber nicht in der Lage, auf beide zugleich ihre Aufmerksamkeit zu richten, was die Voraussetzung für das Verstehen von Wortspielen ist. Das Nebeneinander zweier Bedeutungen erzeugt die Erfahrung von Inkongruenz, an der die Kinder dann ihren Spaß haben. Bei älteren Kindern lässt dann die Begeisterung für Wortspiele allmählich wieder nach, weil sie zu einfach sind und schnell langweilig werden. Entsprechend mögen auch Erwachsene Wortspiele in der Regel nicht besonders, es sei denn, sie haben sie selbst erfunden. Wenn man ein Wortspiel spontan selbst formuliert, erlebt man einen gewissen Stolz und Freude an der eigenen Fähigkeit, Mehrdeutiges rasch zu erfassen. Dagegen bedarf es keiner besonderen intellektuellen Fähigkeiten, um ein Wortspiel zu verstehen, wenn man es hört.

Auch wenn die Gefahr besteht, dass kaum einer der späteren Zuhörer diese Kunst zu schätzen weiß, lohnt es sich, Wortspiele zu trainieren, da sie aufgrund ihrer Einfachheit gute Übungsobjekte für die eigene Humorproduktion sind und die Sinne für andere, potenziell witzige Mehrdeutigkeiten außerhalb der Sprache schärfen. Im Übrigen wollen die Trainingsteilnehmer ja auch nicht zu Komikern ausgebildet werden, sondern verschiedene Humoraspekte trainieren, um Belastungen besser zu bewältigen.

Mehrdeutige Begriffe

Die Fähigkeit, schnell und spontan Witziges zu produzieren, geht meist einher mit einer hohen Sensibilität für Mehrfachbedeutungen. Den spielerischen Umgang mit

Mehrfachbedeutungen kann man üben, indem man sich angewöhnt, auf Doppeldeutiges z. B. in Gesprächen zu achten. Des Weiteren sollte man aber auch gezielt nach anderen Bedeutungen von Begriffen suchen. Das erzeugt zwar noch nicht zwangsläufig einen witzigen Effekt, schärft aber das Bewusstsein für Mehrdeutigkeit und schafft so eine Basis für eigene Humorkreationen. Hierzu einige Beispiele:

Mehrdeutige Begriffe
- **Porträt:** 1. ein Gemälde; 2. eine Charakterisierung
- **toll:** 1. großartig, hervorragend; 2. verrückt
- **Mauerfall:** 1. eine Mauer fällt; 2. jemand fällt von einer Mauer
- **Flasche:** 1. Behälter für Flüssigkeiten; 2. Schimpfwort, dummer, unnützer Mensch

Übung

In der Gruppe können die Teilnehmer gebeten werden, Begriffe (auch Verben oder Redewendungen) mit unterschiedlichen Bedeutungen zu nennen. Dabei hilft die Anregung, sich im Raum umzuschauen und nach Gegenständen zu suchen, die einen doppeldeutigen Namen haben (eine Teilnehmerin entdeckte dabei den Ordner »Verkehrsmedizin«). Ansonsten kann die Übung in praktisch jeder Lebenslage auch allein durchgeführt werden (im Bus, beim Spaziergang, an der Supermarktkasse etc.), bis eine Gewohnheit daraus wird.

Mehrdeutigkeit in der alltäglichen Kommunikation

Auch Gespräche mit Freunden, Arbeitskollegen oder in der Familie über Alltägliches bieten Gelegenheit, den Blick für Mehrdeutiges zu schärfen. Auch hier ist es wichtig, sich bewusst auf die Suche nach doppelten Bedeutungen oder Aussagen, die auf unterschiedliche Arten interpretiert werden können, zu begeben. Es kommt wiederum nicht so sehr darauf an, dass die Mehrdeutigkeit auch gleichzeitig lustig ist. Entscheidend ist viel mehr, die ersten Schritte zu unternehmen, bis das Erkennen und Formulieren von Wortspielen quasi durch den Autopiloten übernommen wird. Mit zunehmender Übung tauchen die Mehrdeutigkeiten auch immer häufiger wie von selbst auf, auch wenn man gar nicht nach ihnen sucht. Anfangs ist es auch bei dieser Übung, ähnlich wie beim Witzerzählen, hilfreich, sich Doppeldeutiges aufzuschreiben.

Die Teilnehmer können dafür z. B. ein Notizbuch verwenden und jede Doppeldeutigkeit (z. B. in Gesprächen, im Radio oder Fernsehen etc.) zusammen mit dem dazugehörigen Kontext notieren. In einem weiteren Schritt (z. B. am Ende eines Tages oder einer Woche, in der sie die Doppeldeutigkeiten gesammelt haben) sollten sie dann ihre Notizen noch einmal durchgehen und sie in lustige und nicht lustige Doppeldeutigkeiten unterteilen.

Zur Veranschaulichung der Vorgehensweise können die im Folgenden aufgeführten Beispiele verwendet werden. Durch Ersetzen von Begriffen im ersten, eindeutigen Satz kann dieser in einen mehrdeutigen Satz verwandelt werden:

Eindeutige Sätze
- Mir gefällt das Kleid im Schaufenster. Kann ich es anprobieren?
- Der Bahnhof wird von der Polizei überwacht, um Straftaten zu verhindern.
- Ich traf den Sohn des Nachbarn. Er hatte ein Gewehr bei sich.

Mehrdeutige Sätze
- Kann ich das Kleid im Schaufenster anprobieren?
- Der Bahnhof wird zur Verhinderung von Straftaten durch die Polizei videoüberwacht.
- Ich traf den Sohn des Nachbarn mit dem Gewehr.

Diese Beispiele (die natürlich auch durch eigene Beispiele ergänzt werden können) können auch in Form einer Übung durchgearbeitet werden. Dabei werden den Teilnehmern zunächst die eindeutigen Sätze präsentiert und sie werden dann gebeten, die eindeutigen Sätze in mehrdeutige Sätze umzuwandeln.

Mehrdeutigkeiten in den Medien

Werbetexte oder Zeitungsüberschriften sind eine zuverlässige und leicht zugängliche Quelle für Wortspiele und Mehrdeutiges. Die Werbung macht sich Wortspiele häufig bewusst zunutze, um Slogans oder Produkteigenschaften besser im Gedächtnis der Konsumenten zu verankern. In Zeitungen, im Fernsehen oder Radio tauchen die Wortspiele und Stilblüten häufig unbeabsichtigt auf, sorgen aber ebenso für Erheiterung. Die Teilnehmer sollen sich in der Zeit zwischen dieser und der nächsten Sitzung mit solchen Quellen beschäftigen und Beispiele mitbringen. Zur Illustration können die ▶ Folien 41–48 verwendet werden. Auch hier ist es möglich, die Beispiele als Übung zu präsentieren: Den Teilnehmern werden die Sätze jeweils unvollständig, jedoch mit einem Hinweis präsentiert. Dann werden sie gebeten, den für den witzigen Effekt erforderlichen Satzteil zu ergänzen. Ein Beispiel:

»Für … und Denker«
Hinweis: Werbung für Dichtstoffe
Lösung: Dichter

Natürlich können die Teilnehmer auch bekannte oder selbst ausgedachte Slogans oder fiktive Zeitungsmeldungen, die nach demselben Prinzip funktionieren, einbringen.

»Doofinitionen«

Das Ziel dieser Übung ist es, die Technik des Wortspiels zu nutzen, um selbst witzige Definitionen eines Begriffes zu erfinden, der eigentlich eine ganz andere Bedeutung hat. Auch wenn die Doofinitionen nur eine zugegebenermaßen niedrige Stufe des Humors erreichen, trainieren sie doch die Fähigkeit, Doppeldeutigkeit zu erkennen und mit der Sprache zu spielen. Man kann Doofinitionen z. B. mithilfe eines Wörterbuches trainieren, das man an einer beliebigen Stelle aufschlägt. Ein zufällig ausgewählter, geeigneter Begriff wird dann durch eine Doofinition erklärt. Hier einige Beispiele:

- Nutzeroberfläche = Haut eines Computeranwenders
- Analog = Gegenteil von »Anna hat die Wahrheit gesagt«
- Akku = bayerisch für »eine Kuh«

Selbst Pointen erfinden

Um beim Erfinden eigener Wortspiele oder Witze ein Gefühl für die Struktur zu bekommen, ist es hilfreich, zunächst das Erfinden einer Pointe zu üben. Dazu werden die Karteikarten »Pointen ergänzen« verwendet. Ergänzungen und eigene Kreationen sind natürlich auch hier möglich. Die Teilnehmer sollen die Lücken in den Witzen mit Wörtern oder Satzteilen ergänzen, die Mehrdeutigkeit erzeugen. Dabei gibt es oft mehrere denkbare Antworten. Die Teilnehmer sollen sich auch nicht bemühen, möglichst witzige Antworten zu geben, es reicht aus, wenn eine Mehrdeutigkeit entsteht. Diese Übung kann auch auf Cartoons, bei denen die Bildunterschrift entfernt wurde, ausgedehnt werden und lässt sich dann besonders gut in Zweiergruppen oder auch mit der gesamten Gruppe durchführen.

Übertreibungen

Die ▸ Folie 49 kann als Anschauungsmaterial dienen, um die Übertreibungstechnik für die Formulierung humorvoller Bemerkungen vorzustellen. Diese Technik ist wichtig, um Humor in Belastungssituationen einsetzen zu können. Wenn Belastungen auf übertriebene Weise dargestellt und überzeichnet werden, werden sie lächerlich und dadurch weniger bedrohlich.
Die Karteikarten »Übertreibungen selbst erfinden« enthalten auch die Anleitung zur Formulierung von witzigen Übertreibungen (vgl. McGhee 1996). ▸ Folie 50 kündigt das Thema des nächsten Treffens an.

Humoraufgaben

(Karteikarte Humoraufgaben 4)
- Suchen Sie nach Gegenständen mit doppeldeutigen Namen.
- Sammeln Sie witzige Überschriften und Werbung.

- Machen Sie mindestens eine witzige Definition pro Tag.
- Suchen Sie jeden Tag mindestens einmal nach Doppeldeutigkeiten in Gesprächen.
- Versuchen Sie Wortspiele in Gesprächen.
- Sammeln Sie weiter Witze.

Abschlussübungen ☺

»Gespräch zwischen Gegenständen«
Zur weiteren Vertiefung des Themas kann als Abschlussspiel die Übung »Gespräch zwischen Gegenständen« durchgeführt werden (McGhee 1996). In Zweiergruppen oder auch als ganze Gruppe sollen die Teilnehmer Lose ziehen, auf denen Gegenstände abgebildet oder benannt sind (z. B. Luftpumpe, Kühlschrank, Computer, Toaster etc.), und dann so tun, als wären sie dieser Gegenstand. Sie sollen sich gegenseitig berichten (evtl. in einer für den Gegenstand passenden Stimmlage), wie sich der Gegenstand fühlt, was er tagtäglich erlebt, welche Ungerechtigkeiten ihm widerfahren, worunter er leidet, was ihn freut etc. Auch hierbei geht es nicht darum, möglichst witzig zu sein, die Teilnehmer sollen alles sagen, was ihnen in ihrer Rolle einfällt.

Übertreibungstechnik
Alternativ ist auch eine Übung zur Übertreibungstechnik möglich. Dabei verwenden die Teilnehmer die Übertreibungsregeln auf den Karteikarten »Übertreibungen selbst erfinden« um Übertreibungen für folgende Situation zu formulieren (McGhee 1996):
»Mein Haus ist so verrückt, da …« – hier wählt ein Teilnehmer einen gewöhnlichen Gegenstand aus und ein anderer sagt etwas über diesen Gegenstand, was entweder völliger Unsinn ist oder den normalen Eigenschaften des Gegenstandes widerspricht, z. B.:
»… wäscht sich das Geschirr selbst.«
»… hängt das Parkett an der Decke.«
»… produziert der Backofen Eiswürfel.« etc.
Die Übung funktioniert auch mit »Meine Firma ist so verrückt, da …« oder anderen Satzanfängen. Es besteht keine Verpflichtung, besonders witzig zu sein, es geht lediglich um das Einüben der Technik.

Kommentar
In der 4. Sitzung, sind die meisten Teilnehmer schon etwas entspannter, gehen mit weniger Angst und Skepsis an die Aufgaben heran. Wichtig ist aber wiederum, zu betonen, dass es nicht um perfekte, urkomische Wortspiele geht, sondern darum, auf den Mehrdeutigkeitsaspekt der Sprache zu achten und danach Ausschau zu halten, unabhängig davon, ob dies witzig ist oder nicht. Dies ist vor allem bei Patienten

relevant, die dazu neigen, zu hohe Anforderungen an sich selbst zu stellen und sich zu überfordern.

5. Sitzung: Alltäglicher Humor (▸ Folie 51)

Auflockerungsübung ☺

Kreative Verwendungsmöglichkeiten
Jeder Teilnehmer bekommt ein Alltagsobjekt (Brieföffner, Zeitung usw.) mit der Aufgabe, sich dafür möglichst viele Verwendungsmöglichkeiten auszudenken (in der Nase bohren, sich einen Hut basteln usw.).

Der dritte Arm
Die Teilnehmer sollen überlegen, was mit einem dritten Arm anders wäre, was man damit alles anfangen könnte.

Wiederholung der letzten Stunde

In der kurzen Auffrischung der Themen aus der letzten Sitzung sollte nochmals die Bedeutung von Wortspielen und Doppeldeutigkeiten als erste Einstiegsmöglichkeit in die Formulierung eigener humorvoller Ideen erwähnt werden. Wortspiele sind zwar nicht die anspruchsvollste Form von verbalem Humor und ihre übermäßige Verwendung ruft bei den Zuhörern meist keine allzu große Begeisterung hervor. Für die Schärfung der eigenen Humorwahrnehmung sind sie jedoch, gerade aufgrund ihrer einfachen Struktur, ein gutes Übungsfeld. Für diese Stunde kann, falls gewünscht, mit den Teilnehmern vereinbart werden, dass sie immer, wenn sie ein Wortspiel oder einen Begriff mit doppelter Bedeutung bemerken, sich gegenseitig darauf aufmerksam machen, um den Übungseffekt weiter zu verstärken.

Besprechung der Humoraufgaben

Den Teilnehmern wird Gelegenheit gegeben, ihre Erfahrungen mit den Humoraufgaben der letzten Stunde zu berichten. Sie sollen sich die Wortspiele, auf die sie in der Zeitung, auf Anzeigetafeln, im Fernsehen etc. gestoßen sind, gegenseitig vorstellen. Weiterhin sollen sie berichten, ob und wann ihnen Doppeldeutigkeiten in Gesprächen aufgefallen sind und wie gut es ihnen gelungen ist, selbst Wortspiele und anderen verbalen Humor zu erfinden. Es sollte auch erfragt werden, ob die Übung zu den Mehrfachbedeutungen durchgeführt wurde und ob die Teilnehmer sie als hilfreich empfanden, um aufmerksamer für Doppeldeutiges zu werden. Bitten Sie die Teilnehmer, einige ihrer Doofinitionen vorzustellen. Ist es ihnen bei der Bearbeitung der Aufgaben aus der 4. Sitzung schwergefallen, das Erlernte aus den vorangegangenen Stunden weiter zu bearbeiten/aufrechtzuerhalten? Auch alle anderen Aspekte, die den Teilnehmern bei ihren Bemühungen, ihre verbalen Humorfähigkeiten zu verbessern, wichtig erschienen, sollten an dieser Stelle eingebracht werden können.

Eine humorvolle Perspektive einnehmen

Das Thema der 5. Sitzung ist von den Teilnehmern wahrscheinlich schon bei den Übungen aus den vorangegangenen Stunden »mitbearbeitet« worden. Während sie sich auf die Suche nach beabsichtigtem und unbeabsichtigtem verbalen Witz begeben haben, sind ihnen bestimmt auch andere, non-verbale humorvolle Alltagssituationen begegnet.

In dieser Sitzung sollen die Teilnehmer lernen, Humor in Alltagssituationen zu finden. So fällt es ihnen später leichter, Humor auch in Stresssituationen zu entdecken. Unser Alltag bietet reichlich Absurdes, Ungewöhnliches und Merkwürdiges zum Schmunzeln. So nahm beispielsweise Charlie Chaplin an einem Charlie-Chaplin-Doppelgänger-Wettbewerb teil und wurde Dritter.

Ob man Humor im Alltag sieht oder nicht, ist in erster Linie eine Frage der Perspektive. Aus einer humorvollen Perspektive heraus ist es leichter, den – fast immer vorhandenen – Humor zu entdecken. Dies kann den Teilnehmern verdeutlicht werden, indem man sie bittet, sich im Raum umzusehen und auf alle roten Gegenstände zu achten (McGhee 1996). Diese Gegenstände waren natürlich schon die ganze Zeit über vorhanden, werden aber erst dann auch wirklich wahrgenommen, wenn man gezielt die Perspektive wechselt. Entsprechend erleichtert der Wechsel in eine humorvolle Perspektive die Wahrnehmung von Humor.

Um die Kennzeichen einer humorvollen Perspektive zu erläutern, können die ▶ Folien 52–54 verwendet werden. Folgende Punkte werden herausgearbeitet:

- **Sympathie für die Ironie des Alltags.** Grundvoraussetzung ist eine akzeptierende, positive Einstellung gegenüber der Ironie des Alltags. Mit genügend Offenheit bietet das Leben zahllose Gelegenheiten, die Ironie des Alltags zu entdecken, wie das folgende Beispiel zeigt (▶ Folie 54): »Ich taufe Dich auf den Namen Ladykiller« – mit diesen Worten schleuderte die Taufpatin in einem Bootshafen eine Sektflasche gegen den Schiffsrumpf. Doch die Flasche prallte unversehrt wieder zurück und traf die Lady am Kopf, die mit einer leichten Gehirnerschütterung ins Krankenhaus musste.
- **Die Fähigkeit zum schnellen Wechsel zwischen ernst und heiter.** Eine humorvolle Perspektive umfasst unter anderem die Fähigkeit, rasch von einer ernsten in eine heitere innere Haltung wechseln zu können, d. h. eine Art Grundbereitschaft zur Heiterkeit. Wer die ernste Haltung nicht schnell genug verlassen kann, dem bleibt auch der Humor verborgen.

- **Eine Neigung zu ungewöhnlichen Ideen und Assoziationen.** Die humorvolle Perspektive im Alltag und die Neigung zum Spiel mit verrückten Ideen bedingen sich gegenseitig. Das sieht man besonders gut bei professionellen Komikern, die alltägliche Situationen in absurde Situationen verwandeln können. Bekannte Beispiele sind u. a. der Buchbinder Wanninger von Karl Valentin oder der Nudelsketch von Loriot.
- **Weniger »heilige Kühe«.** Um die humorvolle Perspektive aufrecht zu erhalten ist es notwendig, einige »heilige Kühe« zu schlachten, d. h. auch in Bereichen nach verstecktem Humor zu suchen, die man normalerweise ausklammern würde, weil sie einem zu sensibel erscheinen. Auf diesen Punkt wird in Sitzung 6 noch näher eingegangen, wenn es u. a. darum gehen wird, auch über eigene Fehler und Unzulänglichkeiten zu lachen.

Als Fazit hieraus ergibt sich, dass Humor, genau wie die Schönheit, im Auge des Betrachters liegt. Gelegenheiten, sowohl Humor als auch Schönheit zu entdecken, gibt es genügend, man muss nur nach ihnen suchen.

Wonach suchen Sie? (▸ Folien 55–58)

Was charakterisiert die Situationen, die versteckten Humor enthalten können? Um den Teilnehmern zu erläutern, wonach sie suchen sollen, können folgende Formulierungen eingesetzt werden (vgl. McGhee 1996):

Spickzettel
Zufälle
Wenn Sie versteckten Humor finden wollen, bieten zufällige Ereignisse eine zuverlässige Quelle. Gewöhnen Sie sich an, auf komische Zufälle zu achten, denn die sind sehr häufig: Das Telefon klingelt, wenn Sie gerade unter der Dusche stehen, oder gerade die Wohnung verlassen haben. Sie stehen im Stau und auf der Nebenspur geht es deutlich schneller voran. Sie wechseln die Spur und plötzlich geht es auf der anderen schneller. Sie stellen sich an die kürzeste Schlange an der Supermarktkasse, dann muss die Verkäuferin aber die Papierrolle wechseln. Darüber könnten Sie sich entweder ärgern oder aber mit sportlichem Ehrgeiz danach suchen. Sicherlich werden Sie dabei auch auf positive Zufälle treffen, z. B., wenn Sie im Getränkeautomaten das Wechselgeld des Vorgängers finden.

Ironie des Schicksals
Ironie kann eine besondere Art des Zufalls sein, beispielsweise wenn zufällig das Gegenteil dessen passiert, was man erwartet hätte: Sie gewinnen eine Reise nach Mexiko. Aber einen Tag, bevor Sie losfahren, zerstört ein Wirbelsturm Ihr Hotel. Sie bekommen endlich die ersehnte Gehaltserhöhung, zur gleichen Zeit steigen aber die Miete und die Versicherungsprämien. Auch Ironie muss natürlich nicht unbedingt lustig sein.

Starre Verhaltensweisen
Auch starre Verhaltensweisen und Gewohnheiten sind eine potentielle Humorquelle. Wir alle sind Gewohnheitstiere und fühlen uns mit unseren Gewohnheiten so wohl, dass wir sie sogar dann beibehalten, wenn etwas anderes sinnvoller wäre. Zum Beispiel mag es Ihnen komisch vorkommen, wenn jemand erst den linken Socken und Schuh und dann den rechten anzieht, wenn Sie selbst immer zuerst beide Socken und dann beide Schuhe anziehen, Ähnliches gilt für die Frage, ob man Zahnpastatuben vom Ende oder von der Mitte her ausdrücken sollte oder ob Toilettendeckel hoch- oder runtergeklappt gehören.

Unbeabsichtigten verbalen Witz nicht vergessen!
Achten Sie auch weiterhin auf verbalen Witz, besonders wenn er unbeabsichtigt ist. Und auch wenn niemand außer Ihnen ihn lustig findet.

Übung

Die Teilnehmer sollen eine starre Verhaltensweise des Partners/Chefs/des Stationspersonals nennen und am besten noch übertreiben.

Wie findet man Humor im Alltag?

Zur konkreten Handlungsanweisung kann der folgende Text in Zusammenhang mit der ▸ Folie 57 verwendet werden:

Spickzettel
Wenn es einem bisher noch nicht so gut gelungen ist, dem eigenen Leben eine lustige Seite abzugewinnen, gibt es ein paar einfache Tricks, um den Einstieg zu erleichtern.
- »Knoten ins Taschentuch machen«: Es ist hilfreich, sich mit ausreichend Erinnerungshilfen auszustatten, die Sie darauf hinweisen, dass Sie auf Humorsuche sind. Das kann z. B. der berühmte Knoten im Taschentuch sein. Oder sie bringen an strategischen Stellen (dem Kühlschrank, Ihrem Schreibtisch, im Auto etc.) Haftnotizzettel an, auf denen »*Was ist daran lustig?*« steht. Gut funktionieren auch aufgeklebte gelbe Punkte, die Sie vielleicht noch mit einem Smiley verzieren. Dadurch werden sie wieder daran erinnert, aktiv in Situationen nach Humor zu suchen, in denen sie normalerweise keinen sehen würden. Am besten fangen sie damit bei Ihren täglichen Routinetätigkeiten an und fragen sich bewusst, was daran ungewöhnlich, überraschend oder absurd ist. Alternativ können Sie sich auch fragen, was Sie an der Situation komisch fänden, wenn Sie z. B. Otto Waalkes (oder Ihr Lieblingskomiker) wären.

Sollten Sie trotzdem noch immer nichts Lustiges finden können, dann ändern Sie einfach den Ansatz und fragen sich: »Wie müsste die Situation verändert werden bzw. wie könnte ich die Situation ändern, damit sie lustig wird?« Dabei dürfen Sie ruhig übertreiben und alles so lange verdrehen, bis es lustig wird. Das kann man gut in Situationen üben, in denen Sie sich langweilen, aber nicht weg können und auch noch so tun müssen, als seien Sie interessiert, z. B. in einer Sitzung. Schon macht die Sitzung mehr Spaß und Sie trainieren gleichzeitig Ihre Humorwahrnehmung:

- **Versteckte Kamera:** Sie können auch so tun, als wären Sie bei der »versteckten Kamera«. Dabei werden ja ahnungslose Personen mit absurden oder lustigen Situationen konfrontiert, die eigens für sie arrangiert wurden und ihre Reaktionen werden gefilmt. Welche lustigen Situationen sehen Sie und wie reagieren andere?
- **Freunde und Kollegen fragen:** Vielleicht kennen Sie jemanden im Freundes- oder Kollegenkreis, der die Kunst, Humor im Alltag zu entdecken, bereits sehr gut beherrscht. Fragen Sie diese Personen, ob ihnen in der letzten Zeit etwas Lustiges aufgefallen ist. Wenn das der Fall war, werden sie das Erlebnis sicher gern mit Ihnen teilen.
- **Wie immer: Aufschreiben:** Auch für diese Übung können Sie ihr Notizbuch für Witze und Wortspiele aus den früheren Stunden zur Hand nehmen und alles notieren, was Ihnen auffällt.
- **Weitererzählen:** Diese Notizen können Sie dann verwenden, um anderen Ihre Erlebnisse weiterzuerzählen. Am besten fangen Sie mit einem Ereignis an, dass Sie selbst besonders lustig fanden und gern weitererzählen. Erzählen Sie das gleiche Ereignis ruhig verschiedenen Leuten, denn so wird es Ihnen von Mal zu Mal besser gelingen, interessant zu erzählen. Lassen Sie sich nicht entmutigen, wenn es nicht sofort richtig ankommt, oft lässt sich Situationskomik nicht zu 100 % wiedergeben. Aber es geht ja auch nicht darum, dass Sie lernen andere zum Lachen zu bringen, sondern Dinge zu entdecken, die *Sie* lustig finden.

Abschließend für diesen Teil sollte noch erwähnt werden, dass es natürlich unterschiedliche Ansichten darüber gibt, was lustig ist und was nicht, die aber alle ihre Berechtigung haben. Somit werden die Teilnehmer sicher Situationen erleben, in denen sie die Einzigen sind, die lachen bzw. nicht lachen. Es gibt eben kein Gesetz, das vorschreibt, was lustig ist und was nicht. Anhand der Situation auf ▸ Folie 58 kann dies illustriert werden (vgl. McGhee 1996): »Eine ältere Dame nahm am Militärbegräbnis für ihren 97jährigen Ehemann teil. Die Salutschüsse, die ihm zu Ehren abgefeuert wurden, erschreckten sie so sehr, dass sie vom Stuhl fiel. Eines ihrer Enkelkinder rief daraufhin erschrocken aus: ›Jetzt haben sie Oma erschossen!‹« Die Teilnehmer sollen diskutieren, ob dies eine Situation wäre, in der gelacht werden darf. Auf ▸ Folie 59 wird das Thema der nächsten Sitzung vorgestellt.

Humoraufgaben

(Karteikarte Humoraufgaben 5)
- Stellen Sie sich vor: Es gibt eine Verschwörung gegen Sie: Alle wollen Sie zum Lachen bringen. Seien Sie misstrauisch, achten Sie darauf!
- Schreiben Sie witzige Situationen auf.
- Teilen Sie witzige Erlebnisse anderen mit.
- Fragen Sie Freunde, was diese witzig, absurd, bizarr finden, wann und worüber sie das letzte Mal gelacht haben (»Heute schon gelacht?«).
- Machen Sie sich keine Gedanken, ob die anderen dasselbe wie Sie witzig finden. Wenn es für Sie komisch ist, ist es komisch!

Abschlussübung ☺

W-Fragen
Benötigt werden leere DIN A4 Blätter und Stifte, evtl. auch ein Flipchart.
Die Fragewörter WER? WAS? WIE? WANN? WO? werden auf ein Flipchart geschrieben oder vom Trainingsleiter angesagt. Jeder Spieler hat einen Zettel, auf den er zuerst den Namen eines Mitspielers schreibt (wer?). Er faltet den Zettel und gibt ihn an seinen Nachbarn weiter, der die Was-Frage beantwortet, indem er dazuschreibt, was die betreffende Person tut (z. B. lachen, schlafen, tauchen etc.). Der Zettel wird wieder gefaltet und weitergegeben und der Nächste fügt ein Adjektiv hinzu (wie?), z. B. schnarchend, glatt, bösartig etc. Wieder falten und weitergeben. Dann wird die Wann-Frage beantwortet (z. B. dreimal täglich, immer zu Weihnachten, zwischen zwei und drei etc.). Zuletzt folgt die Antwort auf die Wo-Frage (z. B. im Indischen Ozean, auf dem Vesuv, im Gartenhäuschen etc.). Wenn alle Fragen beantwortet sind, werden die Zettel aufgefaltet und die Sätze vorgelesen.

Kommentar
Hier geht es darum, bei den Teilnehmern die Phantasie anzuregen und die Möglichkeit zu eröffnen, sich z. B. über starre Verhaltensweisen nicht nur zu ärgern, sondern sie auch als Quelle für Erheiterung zu sehen. Gut ist es, Raum für das Erzählen eigener Beobachtungen zu geben. Dann kann auch die Erfahrung gemacht werden, dass manche Erlebnisse vielleicht gar nicht so witzig sind, wenn man sie erlebt, aber witzig werden, wenn man sie anderen erzählt.

6. Sitzung: Über sich selbst lachen lernen (▸ Folie 60)

> **Auflockerungsübung** ☺
>
> Die Affen brüllen durch den Wald
> Benötigt werden schwierige, mehrsilbige Wörter, Sprichwörter oder Werbesprüche.
> Ein Mitspieler verlässt den Raum. Die anderen verabreden ein Wort (am besten vom Trainingsleiter vorbereitet, z. B. Humortrainingsteilnehmer). Jeder schreit auf Kommando des Spielleiters nur eine Silbe des Wortes dem hereingerufenen Mitspieler entgegen. Das ergibt natürlich ein großes Durcheinander und der Hereingerufene muss das richtige Wort oder Sprichwort heraushören.

Wiederholung der letzten Stunde

Als kurze Wiederholung sollte über die Merkmale und die Bedeutung einer humorvollen Perspektive für die Fähigkeit, versteckten Humor im Alltag zu erkennen, gesprochen werden. Eine humorvolle Perspektive ist auch wichtig für die Themen dieser und der nächsten Sitzung.

Besprechung der Humoraufgaben

Bei der Besprechung der Humoraufgaben sollten einige der folgenden Fragen angesprochen werden:
- Wie gut ist es den Teilnehmern seit der letzten Sitzung gelungen, witzige Ereignisse zu bemerken?
- Bitten Sie die Teilnehmer, das witzigste Ereignis, auf das sie gestoßen sind, in der Gruppe zu erzählen. Dabei sollten zwei Durchgänge gemacht werden: Im ersten Durchgang soll das Ereignis mit allen witzigen Elementen berichtet werden. Im zweiten Durchgang sollen dann einige Elemente, die für den witzigen Effekt bedeutsam sind, weggelassen werden (z. B. Tonfall, Hintergrundinformationen etc.). Die Bedeutung dieser Elemente soll dann in der Gruppe diskutiert werden, um nochmals die Funktionsweise verbalen Humors zu verdeutlichen.
- Wo ist den Teilnehmern am meisten versteckte Komik aufgefallen? Zu Hause? Bei der Arbeit? Bei einer anderen Gelegenheit?
- Welche »Gedächtnisstützen« haben die Teilnehmer verwendet, um sich zu erinnern, dass sie auf der Suche nach verstecktem Humor sind?
- Haben sie andere Personen angesprochen und nach lustigen Ereignissen befragt?
- Fiel es den Teilnehmern im Laufe der Zeit leichter, auf Humor aufmerksam zu werden?

- Haben sie lustige Ereignisse anderen weitererzählt? Ist ihnen das leicht- oder schwergefallen? Konnten andere auch darüber lachen?

Was bedeutet es, über sich selbst lachen zu können?

Die Fähigkeit, über die eigenen Fehler, Missgeschicke und Schwächen lachen zu können, wird allgemein als ein Zeichen von Selbstbewusstsein und Reife angesehen. Gleichzeitig ist sie von allen Teilaspekten des Humors derjenige, der am schwierigsten zu erlernen ist. Daher wird diese Thematik auch erst jetzt aufgegriffen, nachdem andere Teilaspekte eingehend trainiert wurden und die Teilnehmer somit auf eine entsprechende Grundlage zurückgreifen können.

Wir alle haben schon einmal erlebt, wie schnell uns unser Sinn für Humor verlässt, wenn wir selbst zur Zielscheibe eines Witzes werden, z. B. weil uns ein Missgeschick passiert ist. Wäre dasselbe einem anderen passiert, könnten wir sicherlich auch darüber lachen, so aber reagieren wir eher ärgerlich, traurig, ängstlich oder beschämt. Der Grund dafür ist, dass der Witz einen sensiblen Bereich trifft, über den man selbst nicht gerne Witze macht. Das können z. B. körperliche Merkmale sein (man fühlt sich zu dick oder zu dünn, zu groß oder zu klein), ein Dialekt, den man als peinlich empfindet, ein Fauxpas, der einem passiert ist etc.

Das Ziel dieser Sitzung ist es nun, über solche Fehler und sensiblen Bereiche lachen zu lernen, um sie leichter akzeptieren zu können. Oder anders formuliert: Das Ziel ist, zu lernen, sich selbst nicht mehr ganz so ernst zu nehmen (vgl. ▶ Folie 61): »Das Lustige an uns ist, dass wir uns selbst zu ernst nehmen.«; Niebuhr 1987). Gerade in der Anwendung des Trainings bei Patienten, bei denen eine depressive Störung – ob als Hauptdiagnose oder komorbide Störung – vorliegt, mag die Zielsetzung dieser Sitzung vielleicht zunächst Befremden hervorrufen. Das Denken dieser Patienten ist oft geprägt von Schuld- und Insuffizienzgefühlen, Befürchtungen aller Art sowie negativen und pessimistischen Zukunftsperspektiven. Diese Denkinhalte nicht ernst zu nehmen, könnte den Patienten daher zunächst als allzu einfache Lösung erscheinen und im schlimmsten Fall kommt vielleicht sogar die Befürchtung auf, der Therapeut nehme ihre Probleme nicht ernst. Um dieser Befürchtung entgegenzutreten, ist es an dieser Stelle besonders wichtig, die hier verwendeten Begriffe und Ziele klar zu definieren.

Es ist sinnvoll, wenn der Trainingsleiter die Teilnehmer im Rahmen einer kurzen Diskussion fragt, welche Vorteile, aber auch Nachteile es ihrer Meinung nach mit sich bringt, wenn man die eigene Person und die eigenen Probleme sehr ernst nimmt. Es sollte hierbei auf jeden Fall betont werden, dass Symptome der jeweiligen Grunderkrankung der Teilnehmer natürlich ernst zu nehmen sind und es nicht darum gehen soll, diese zu bagatellisieren. Neben den direkt krankheitsassoziierten Problemen sind aber immer auch eine Reihe von »Nebenschauplätzen« vorhanden, denen eine übermäßige Bedeutung beigemessen wird. Dadurch können bestehende Krankheitssymptome verschlimmert bzw. ihre Verbesserung verhindert werden. Entsprechend kann es dem gesamten Genesungsprozess zuträglich sein, solche Probleme nicht mehr allzu ernst zu nehmen.

Was es bedeutet, sich selbst nicht zu ernst zu nehmen, lässt sich zusammenfassend wohl am besten erläutern, wenn man zunächst einmal betrachtet, was es *nicht* bedeutet (▶ Folie 62; McGhee 1996):

- eine geringe Meinung von sich zu haben,
- sich selbst zu entwerten,
- inkompetent, unreif oder verantwortungslos zu sein,
- nie ernst sein zu können.

Das Gegenteil ist der Fall: Menschen, die in der Lage sind, sich selbst nicht zu ernst zu nehmen, werden im Allgemeinen als selbstsicher und sozial kompetent angesehen und von anderen respektiert. Dies zeigte z. B. auch eine amerikanische Studie, die die Funktion von Selbstironie bei der Partnerwahl untersucht hat und zeigen konnte, dass Männer mit einem höheren sozialen Status, die selbstironische Witze machten, von Frauen als sexuell attraktiver gewertet werden, als Männer mit hohem Status, die sich über andere lustig machen (Greengross u. Miller 2008). Dies gilt natürlich nur, solange man es nicht übertreibt und sich durch ständige Witze über sich selbst entwertet. Die Kunst besteht also im richtigen Maß und der Anpassung an die jeweiligen Gegebenheiten, d. h. ernst bleiben zu können, wenn die Situation es erfordert, aber auch jede übertriebene Ernsthaftigkeit abzulegen, wenn es Gelegenheit dazu gibt.

Was es *bedeutet*, sich selbst nicht zu ernst zu nehmen, kann folgendermaßen zusammengefasst werden (▶ Folien 63; McGhee 1996):

- Erkennen, dass man nicht der Mittelpunkt des Universums ist: Die Fähigkeit, sich selbst nicht zu ernst zu nehmen, baut also auf der Erkenntnis auf, dass andere Menschen die eigenen Schwächen und vermeintlichen Fehler bei Weitem nicht so katastrophal finden, wie man selbst. Ein Fehler, den man selbst macht, interessiert meistens den Rest der Menschheit nicht allzu sehr. Folglich lohnt es auch meist nicht, ihm allzu lange nachzuhängen. Sinnvoller ist es, das Missgeschick zu akzeptieren und zu erkennen, dass das Leben trotzdem weitergeht.
- Erkennen, dass die eigene Meinung nur eine unter vielen ist: Dieser Punkt ist mit dem ersten Punkt verwandt. Die eigene Einschätzung einer vermeintlich peinlichen Situation ist nicht gleichzusetzen ist mit der einzig richtigen Einschätzung. Es lohnt sich, die Perspektive zu wechseln und z. B. zu betrachten, wie andere Menschen die Situation sehen oder mit ähnlichen Schwierigkeiten umgehen. Nicht zuletzt ermöglicht es ja häufig auch gerade erst der Perspektivwechsel, den versteckten Witz in einer Situation zu erkennen.
- Sich nicht von den eigenen Schwächen bestimmen zu lassen: Wenn Sie z. B. häufig zu spät kommen und Witze darüber machen, dann nehmen Sie anderen den Wind aus den Segeln und zeigen Souveränität. Wenn man signalisiert, dass

man über die eigenen Schwächen lachen kann, kann dies auch den Mitmenschen den Umgang damit erleichtern.

Wie geht man am besten vor?

Mithilfe der ▶ Folien 64–66 und folgenden Beispielformulierungen kann die Technik vermittelt werden, die es ermöglicht, sich selbst weniger ernst zu nehmen (zusätzlich kann die Liste in verkürzter Form als Karteikarte ausgeteilt werden, s. Karteikarten Humoraufgaben 6, Teil 1 u. 2):

Spickzettel
1. Seien Sie sich bewusst, dass niemand vollkommen ist. Sich diese Tatsache vor Augen zu führen, ist die erste, wichtige Grundvoraussetzung. Es ist erlaubt, nicht perfekt zu sein, andere sind es schließlich auch nicht.
2. Machen Sie eine Liste mit Dingen, die Sie an sich selbst nicht mögen (als Gruppenleiter sollte man am besten gleich hinzufügen, dass nicht alle hier erwähnten Punkte in der Gruppe angesprochen werden müssen).
3. Denken Sie über Ihre Schwächen nach und überlegen Sie, welche davon Sie noch nicht mit Humor nehmen können, weil Sie Ihnen zu sensibel erscheinen. Diese Zusammenstellung ist aus zweierlei Gründen wichtig: Erstens müssen Sie gezielt festlegen, in welchen Bereichen es überhaupt notwendig ist, über sich selbst lachen zu lernen. Zweitens hat für manche Leute schon allein das Erstellen der Liste einen überraschenden Effekt, und wenn die Liste langsam immer länger und länger wird, müssen sie schon allein darüber lachen. Wenn sie dann beim 10. oder 15. Punkt angelangt sind, wird ihnen klar, wie absurd all die Sachen sind, die sie nicht an sich mögen. Vielleicht können Sie diesen Schritt also relativ schnell erledigen.
4. Teilen Sie die Punkte ein in »Schwerwiegend« und »Weniger schwerwiegend« und »Veränderbar« und »Nicht veränderbar«.
5. Versuchen Sie nicht, alle Punkte gleichzeitig in Angriff zu nehmen, sondern gehen Sie systematisch vor und fangen Sie mit den weniger sensiblen Bereichen an. Dann arbeiten Sie sich langsam zu den schwierigeren Bereichen vor, bei denen Sie Ihr Sinn für Humor gern verlässt. Die Einteilung in veränderbare und unveränderbare Merkmale hilft Ihnen, zu unterscheiden, wann Sie selbst aktiv werden können, weil sich bestimmte Merkmale verändern lassen, bzw. all das mit Humor zu nehmen, was sich nicht ändern lässt.
6. Sprechen Sie mit anderen über die Punkte auf der Liste. Wenn Sie zugeben, etwas an sich nicht zu mögen, bedeutet das zuzugeben, dass Sie so sind, wie Sie sind. Sie müssen Ihre Fehler dann nicht mehr verstecken oder verteidigen und können sie so auch leichter akzeptieren. Auch die »Anonymen Alkoholiker« machen das übrigens so und beginnen deswegen ihre Treffen mit den Worten: »Ich heiße … und bin Alkoholiker«. Sie wissen, dass es hilft, den Fakten ins

Gesicht zu sehen und sie dadurch zu überwinden. Dazu muss man noch nicht einmal Witze darüber machen. Wenn Sie gelernt haben, etwas, dass Sie an sich nicht mögen zu akzeptieren, ist es nur noch ein kleiner Schritt, darüber auch lachen zu können. In der Gruppe fangen Sie mit dem am wenigsten schwerwiegenden und am leichtesten veränderbaren Punkt an.

7. Sprechen Sie auch über Fehler und peinliche Situationen. Das ist noch eine Steigerung zu dem vorangegangenen Punkt und hat einen ähnlichen Effekt, nämlich die Belastung durch solche unangenehmen Ereignisse zu reduzieren. Es geht nicht darum, dass die Situationen unbedingt lustig sein müssen, sondern dass Sie sich daran gewöhnen, solche Dinge nicht mit sich allein herumzuschleppen.

8. Lernen Sie einige selbstironische Witze. Hier kommen zum ersten Mal auch Witze über sich selbst ins Spiel. Am besten fangen Sie damit an, nach passenden »fertigen« Witzen Ausschau zu halten und sie weiter zu erzählen, wenn sich die Gelegenheit bietet. Ein Beispiel für einen solchen selbstironischen Witz wäre folgender, zumindest, wenn Sie von Beruf Rechtsanwalt sind (▸ Folie 65): Petrus und der liebe Gott unterhalten sich über die Geschäfte im Himmel. Gott sagt: »Wir verlieren zu viel Geld. Wir brauchen jemanden, der sich darum kümmert.« Darauf Petrus: »Was schlägst Du vor?« Gott antwortet: »Such uns einen Anwalt.« Petrus schaut ihn an und entgegnet: »Wie soll ich denn hier oben einen Anwalt finden?«

9. Fangen Sie an, eigene Witze über Ihre Schwächen zu erfinden. Beginnen Sie auch hier wieder mit den weniger schwerwiegenden Dingen. Wenn ihnen nicht gleich etwas Lustiges einfällt, achten Sie darauf, welche Witze andere zum gleichen Thema auf Lager haben.

10. Legen Sie sich eine lustige Antwort für peinliche Situationen zurecht. Wenn Ihnen etwas Peinliches passiert und Sie eine lustige Antwort parat haben, können Sie entspannter reagieren, selbst wenn Ihnen vielleicht gar nicht danach ist. Wenn Sie z. B. häufig Dinge vergessen, könnten Sie beim nächsten Mal sagen: »Mein Gedächtnis ist eigentlich sehr gut, nur leider zu kurz.«

11. Verwenden Sie Übertreibungen. Die Technik der Übertreibung haben Sie ja schon kennengelernt. Sie können sogar ein Spiel daraus machen, entweder für sich selbst oder mit jemandem zusammen. Das Spiel heißt: »Ich Ärmster«. Dazu suchen Sie sich ein paar Dinge aus, die in Ihrem Leben nicht so laufen, wie Sie gerne hätten. Dann verwenden Sie die Übertreibungstechnik, um sich über jedes einzelne richtig ausführlich zu beklagen und zwar so lange, bis es absurd wird. Halten Sie es dabei mit Woody Allen (▸ Folie 66): »Wenn es kein Unglück gäbe, hätte ich überhaupt kein Glück.« (zit. n. McGhee 1996)

Diskussion über den Umgang mit Schwächen und anderen Eigenarten

Wenn noch Zeit ist, sollte das Thema in einer anschließenden Diskussion mit den Teilnehmern vertieft werden. An Diskussionspunkten bieten sich an:
- Gibt es Unterschiede zwischen Männern und Frauen hinsichtlich ihrer Fähigkeit, über sich selbst zu lachen? Wenn ja, woran könnte das liegen?
- Möchte vielleicht einer der Teilnehmer ein Beispiel für eine Schwäche nennen und in der Gruppe diskutieren, wie er diese mit mehr Humor nehmen kann?

Humoraufgaben

(Karteikarten Humoraufgaben 6, Teil 1 u. 2)

Teil 1
- Machen Sie eine Liste der Dinge, die Sie bei sich selbst nicht mögen.

Teil 2
- Geben Sie Ihre Schwächen und ungeliebten Seiten vor sich selbst zu.
- Erzählen Sie anderen davon (zuerst die harmlosen).
- Erzählen Sie anderen von Missgeschicken, Fehlern, Fettnäpfchen …
- Suchen Sie ein paar Witze über Ihre Fehler …
- … und benutzen Sie diese auch!
- Schreiben Sie es auf, wenn Sie erfolgreich damit waren (was bedeutet Erfolg für Sie?).
- Lachen Sie häufiger über sich selbst.

Abschlussübung ☺

Montagsmaler

Benötigt werden ein Flipchart oder eine Tafel, eine Stoppuhr, verschiedene Begriffe auf vorbereiteten Kärtchen.
Es werden zwei Mannschaften gebildet. Ein Spieler der ersten Mannschaft zieht ein Kärtchen und malt nacheinander die auf den Karten aufgeschriebenen Begriffe, die anderen raten. Wie viele Begriffe schafft die Mannschaft in fünf Minuten? Dann ist die zweite Mannschaft dran. Wer ist schneller und malt und errät mehr Begriffe?

Kommentar

Es ist wichtig darauf zu achten, dass die Übungen zur Selbstironie und der Fähigkeit, über sich selbst zu lachen, vor allem von selbstunsicheren Teilnehmern nicht als Aufforderung zur Selbstentwertung aufgefasst werden. Im Zweifelsfall sollte der Übungsleiter korrigierend einwirken und sicherstellen, dass die Selbstironie immer wohlwollend bleibt.

Auf der ▶ Folie 67 wird das Thema der nächsten Sitzung angekündigt.

7. Sitzung: In Stresssituationen den Humor nicht verlieren (▸ Folie 68)

> **Auflockerungsübung** ☺
>
> Argumentieren mal anders
> Der Gruppenleiter nennt ein aktuelles Thema (politisch, zur Jahreszeit passend, aus dem örtlichen Rahmen usw.). Jeder Teilnehmer soll sich kurz seinen Standpunkt und ein Argument dafür überlegen. Dann sollen die Teilnehmer nacheinander dieses Argument vorbringen, dabei aber gleichzeitig die Zunge rausstrecken (was ziemlich schnell mit viel Gelächter endet).

Wiederholung der letzten Stunde

Bevor mit dem neuen Thema der 7. Sitzung begonnen wird, ist es sinnvoll, in aller Kürze nochmals auf die Fähigkeit, über sich selbst zu lachen, einzugehen. Es sollte wieder betont werden, dass diese Fähigkeit nicht mit Selbstentwertung gleichzusetzen ist, sondern im Gegenteil den eigenen Schwächen ihre übertriebene Bedeutung nehmen soll. Darauf aufbauend soll es nun in der 7. Sitzung darum gehen, nicht nur die eigenen Schwächen, sondern auch äußere Stressfaktoren mit Humor zu nehmen.

Besprechung der Humoraufgaben

Die Besprechung der Humoraufgaben aus Sitzung 6 kann, je nach Gruppengröße, auch in Kleingruppen von zwei bis drei Teilnehmern erfolgen. Jeder Teilnehmer berichtet dabei kurz über seine Fortschritte in der Fähigkeit, über sich selbst zu lachen. Günstig sind Beispielsituationen, in denen es gelungen ist, über sich selbst zu lachen bzw. natürlich auch solche, in denen es nicht gelungen ist. Für den letzteren Fall können die anderen Teilnehmer auch ihre eigene Wahrnehmung der Situation einbringen und Tipps geben, wie man die Situation hätte mit Humor nehmen können. Wenn ausreichend Zeit zur Verfügung steht, können die Teilnehmer sich auch gegenseitig ihre Liste der eigenen Schwächen zeigen und ihre selbstironischen Witze erzählen.

Einstieg in das Thema

In der 7. Sitzung wird den Teilnehmern vermittelt, wie es gelingt, auch in Stresssituationen den Humor nicht zu verlieren. Stress spielt in unserer Gesellschaft eine immer größere Rolle. Vor allem der Stress am Arbeitsplatz nimmt dabei eine herausragende Stellung ein und ist mitverantwortlich für eine Reihe körperlicher und psychischer Folgeerkrankungen und die kontinuierliche Zunahme der damit assoziierten Frühberentungen. Mit der der wachsenden allgemeinen Stressbelastung nehmen auch die Anbieter von Stressbewältigungsprogrammen wie z. B. Progressiver Muskelrelaxation, Meditation, Yoga, Atemtechniken etc. zu. Ein weiterer sehr effektiver Stressbewältigungsmechanismus fehlt bei diesen Angeboten leider häufig, nämlich der Sinn für Humor. Wie mit allen anderen Stressbewältigungstechniken ist es jedoch auch mit dem Sinn für Humor: Er steht uns nicht automatisch zur Verfügung, wenn wir ihn am dringendsten brauchen. Damit es nicht dem Zufall überlassen bleibt, ob der Sinn für Humor auch einsatzbereit ist, wenn er benötigt wird, bedarf es einer gewissen Übung. Die 7. Sitzung soll dazu dienen, die Kontrolle über den eigenen Sinn für Humor zu verbessern und dadurch eine übermäßige Stressbelastung zu verhindern. Ein chinesisches Sprichwort versinnbildlicht, worum es geht (▶ Folie 69): »Dass die Vögel der Sorge und des Kummers über dein Haupt fliegen, kannst du nicht verhindern. Aber du kannst verhindern, dass sie Nester in deinem Haar bauen.«

Anwendungsbeispiel und Diskussionsrunde

Nach einer kurzen Einführung zu den Zielen der 7. Sitzung wird anhand eines Beispieltextes, den der Gruppenleiter vorträgt, und einer anschließenden Diskussion auf die Nutzung des Sinns für Humor als Stressbewältigungsmechanismus hingeführt (McGhee 1996):

Spickzettel
In der 5. Sitzung haben Sie damit begonnen, den verborgenen Humor in Alltagssituationen zu entdecken, also in Situationen, in denen Sie nicht unter Stress stehen. Danach haben Sie gelernt, dies auf schwierigere Bereiche, wie z. B. die eigenen Schwächen, zu übertragen. Sie sind jetzt also gut darauf vorbereitet, auch in stärker belastenden Situationen ihren Sinn für Humor zu behalten. Lassen Sie uns das direkt einmal ausprobieren, indem Sie sich in die folgende Situation hineinversetzen:
Es ist Montagmorgen und Sie müssen zu einem außerordentlich wichtigen Termin. Sie wollen unbedingt pünktlich erscheinen. Deswegen planen Sie zwei Stunden Zeit für die Anfahrt ein. Das ist doppelt so lange, wie Sie normalerweise für die Strecke benötigen. Sie wollen Ihre Wohnung verlassen, können aber Ihren Schlüsselbund nirgends finden. Sie machen sich jedoch keine Sorgen, schließlich ist ja noch genügend Zeit. Nachdem sie zum zweiten Mal ihre Wohnung nach den Schlüsseln abgesucht haben, ohne sie zu finden, werden sie etwas nervös. In diesem Moment findet aber ihr Sohn, der gerade auf dem Weg zur Schule ist, Ihren Schlüsselbund, der in der Wohnungstür steckte. Sie nehmen Ihre Schlüssel an sich und gratulieren sich im Stillen dafür, soviel Zeit eingeplant zu haben. Sie gehen zu Ihrem Auto und stellen fest, dass es über

Nacht gefroren hat. Sie müssen jetzt nicht nur die Autoscheiben freikratzen, auch die Tür lässt sich nicht mehr öffnen, weil das Schloss eingefroren ist. Nachdem Sie der Nachbarschaft lautstark ihren Unmut über diese Tatsache mitgeteilt haben, beschließen Sie, ins Haus zurückzugehen, um einen Schraubenzieher zu holen. Sie gehen zum Auto zurück und schaffen es, die Tür mit Gewalt zu öffnen. Sie sind drin! Sie fahren also los und werfen nach einiger Zeit einen Blick auf die Tankanzeige: fast leer! Ohne zu tanken werden Sie also niemals rechtzeitig ankommen. Sie halten an der ersten Tankstelle, die Sie sehen. Eine der beiden Zapfsäulen ist heute defekt, also können die Kunden nur an der anderen tanken. Als Sie bezahlen wollen, stehen zwei Kunden vor Ihnen in der Schlange. Beide wollen mit ihrer Kreditkarte bezahlen. Die Karte des ersten wird nicht angenommen. Leider hat er nicht genug Bargeld bei sich, um sein Benzin zu bezahlen … Endlich sind Sie an der Reihe. Sie bezahlen und murmeln ein »Auf Wiedersehen«, während Sie schon zu Ihrem Auto zurückgehen. Sie fahren wieder auf die Hauptstraße zurück, müssen aber gleich wieder an einer roten Ampel anhalten. Ein Bus biegt vor Ihnen auf die Straße ein. Sie können ihn nicht überholen, weil zu viel Verkehr ist. Der Bus hält elfmal, bevor Sie an ihm vorbeikommen. Aber Sie sind ja schon fast auf der Autobahn, von da an wird es schneller vorangehen. Als sie auf den Bahnübergang zufahren, den Sie seit Jahren täglich überqueren, ohne je einen Zug gesehen zu haben, leuchtet das rote Licht auf und die Schranke schließt sich. Ein Güterzug, beladen mit Autos, fährt vorbei. Nach zwei Minuten ist das Ende des Zuges in Sicht. Dann wird der Zug plötzlich langsamer – und fährt rückwärts …
Endlich können Sie den Bahnübergang überqueren, fahren ein Stück weiter und sind jetzt auf der Autobahn. Sie fahren 150. Nach einem kleinen Hügel sehen Sie plötzlich eine ganze Reihe roter Rücklichter. Ein Unfall. Und ein Stau. Langsam drängt die Zeit und Sie merken, dass es knapp wird. Die Autos auf der anderen Fahrspur kommen viel schneller voran. Sie drängeln sich also erfolgreich hinein und der Fahrer hinter Ihnen scheint sehr erfreut über dieses Manöver zu sein. Die Autos vor Ihnen werden langsamer, und plötzlich geht es auf Ihrer alten Spur viel schneller vorwärts. Sie sind aber überzeugt, die richtige Entscheidung getroffen zu haben und bleiben in ihrer Spur, während die anderen an Ihnen vorbeifahren. Endlich kommen sie an der Unfallstelle vorbei und verlassen danach die Autobahn. Dann, kurz nach der Ausfahrt – eine Baustelle. Sie kennen zum Glück eine Abkürzung, auf der der Verkehr ungehindert fließt. In der Ferne hören Sie Sirenen. Sie haben freie Bahn. Es sind nur noch fünf Minuten bis zu Ihrem Termin, es ist aber auch zum Glück nur noch ein Kilometer zu fahren. Kein Problem! Die Sirenen werden immer lauter. Plötzlich, wie aus dem Nichts, biegen zwei Feuerwehrautos auf die Straße ein und halten mitten auf der Kreuzung, die Sie überqueren müssen. Ein weiteres hält hinter Ihnen und blockiert Ihren einzigen Ausweg. Eines der Gebäude an

2.3 Durchführung

> der Kreuzung brennt. Drei Autos sind zwischen den Feuerwehrautos gefangen und Ihres ist eins davon …
> Irgendwann ist Ihnen sicherlich schon einmal etwas Ähnliches passiert, wenn auch nicht ganz so dramatisch wie in diesem Beispiel. Wie kann man mit einer solchen Situation umgehen?

Das vorgetragene Beispiel bietet die Möglichkeit zur Diskussion über Stressfaktoren und den Umgang damit. Dabei soll natürlich zur Sprache kommen, ob und wie Humor und Lachen hierbei von Nutzen sein können. Es ist zu erwarten, dass die Teilnehmer zum Ausdruck bringen werden, dass man mit Humor und Lachen in einer Situation wie der oben beschriebenen natürlich auch nicht schneller bei dem wichtigen Termin ankommt, zumindest aber entspannter und besser gelaunt.

Ein weiterer Punkt, der vom Gruppenleiter in die Diskussion eingebracht werden kann werden kann (McGhee 1996), falls er nicht von den Teilnehmern selbst erwähnt wird, ist die Aussage: »Stress hat man nicht, Stress macht man sich.«. Wie sehen die Teilnehmer das? Ist diese Aussage richtig? Gilt sie auch für den Stress, den die Steuererhöhung verursacht, oder der Wasserrohrbruch oder die zusätzliche Arbeit, die erledigt werden muss, weil der Kollege krank geworden ist?

Vermutlich werden die Teilnehmer rasch übereinkommen, dass man nicht selbst für das Auftreten solcher Ereignisse verantwortlich ist, wohl aber für das Ausmaß an Stress, das diese Ereignisse auslösen. Dies ist z. B. gut zu beobachten, wenn unterschiedliche Personen mit derselben Belastungssituation konfrontiert sind. Nicht alle Menschen empfinden das gleiche Maß an Stress durch Belastungen wie z. B. Krankheit, Arbeitslosigkeit, Geldsorgen etc. Für manche bedeutet es eine große Katastrophe, die alles ins Wanken bringt, andere sind zwar zunächst auch erschüttert, können sich dann aber wieder aufrappeln und anfangen, die Lage zu bewältigen. An dieser Stelle kann ▸ Folie 70 zum Einsatz kommen: »Das Leben ist voller Leid, Einsamkeit und Unglück. Und zu kurz ist es übrigens auch.« (Woody Allen, zit. n. Corr 2011).

Wie wirken Humor und Lachen gegen Stress?

Um die Mechanismen zu erklären, die die stressreduzierende Wirkung von Humor und Lachen vermitteln, kann die ▸ Folie 71 herangezogen werden. Die Erklärungen zu den einzelnen Stichpunkten können etwa so aussehen wie auf dem folgenden Spickzettel (vgl. McGhee 1996):

Spickzettel

Welche Wirkmechanismen ermöglichen die Stressbewältigung mit Humor und Lachen?

Humor und Lachen wirken zunächst einmal **emotionsregulierend**. Ist es Ihnen schon mal passiert, dass sich im Laufe eines anstrengenden Tages Ihre Emotionen regelrecht aufgeschaukelt haben und Sie spüren konnten, wie Anspannung, Unruhe oder Ärger mit jeder Stunde zugenommen haben? Wenn Sie dann keine Möglichkeit haben, diese Anspannung zu vermindern, dann fühlt sich das in etwa so an, als würden Sie gleich explodieren. Vielleicht explodieren Sie ja auch tatsächlich und schreien irgendjemanden an oder geben Ihrem Hund einen Tritt oder hauen auf den Tisch. Es kann sein, dass Sie sich dann eine kurze Zeit besser fühlen, auf lange Sicht helfen solche Reaktionen aber natürlich nicht weiter.

In einer Therapie lernt man, solche Spannungen zu reduzieren, indem man z. B. über die Ursachen spricht und bessere Umgangsweisen damit erarbeitet. Seinen Therapeuten hat man aber natürlich nicht immer verfügbar und vielleicht ist auch sonst auf die Schnelle niemand verfügbar, mit dem man sprechen kann. Humor und Lachen können natürlich keine Therapie ersetzen, aber doch eine unmittelbare **Spannungsreduktion** herbeiführen. Sie können nämlich nur sehr schwer an Ihrem Ärger oder Ihrer Anspannung festhalten, wenn Sie lachen.

Die **Energie**, die Sie durch Ärger, Anspannung und allgemeinen Stress verlieren, können Humor und Lachen Ihnen ein Stück weit ersetzen. Mit mehr Kraft und Energie erreichen Sie auch wieder mehr Zufriedenheit und fühlen sich weniger erschöpft.

Stress lässt sich nicht vermeiden, irgendetwas ist ja immer. Entweder ist kein Kaffee mehr im Haus oder im Büro funktioniert das Kopiergerät nicht oder die Reinigung hat ihren Anzug nicht rechtzeitig fertig ... Gelegenheiten, sich über so etwas zu ärgern, gibt es genügend. Mit einer humorvollen Haltung können Sie stattdessen innerlich einen Schritt zurücktreten und einen **anderen Blickwinkel** einnehmen. Das hilft, solche Alltagssorgen als das zu betrachten, was sie wirklich sind, nämlich Schwierigkeiten, die so gut wie möglich bewältigt werden müssen, aber keine Katastrophen.

Humor und Lachen können Ihnen helfen, in **positiver, optimistischer Stimmung** zu bleiben, und dadurch besser mit Belastungen umzugehen. Wenn Sie längere Zeit unter Stress stehen, leidet Ihre Stimmung. Das verstärkt wiederum den Stress und raubt Ihnen die Motivation, gegen den Stress aktiv zu werden. Häufig hat man dann das Gefühl, es habe ja sowieso keinen Sinn und man könne ja doch nichts machen. Wenn Ihre Stimmung dagegen heiter und optimistisch ist, sieht die Sache natürlich schon ganz anders aus und Sie können die Probleme wieder mit mehr Optimismus anpacken.

> Auch das Gefühl, keine **Kontrolle über eine Situation** zu haben und hilflos zu sein, ist eine sehr wichtige Ursache von Stress. Wenn Sie aber in einer Belastungssituation etwas zum Lachen finden können, dann übernehmen Sie wieder die Kontrolle und sind nicht hilflos ausgeliefert.
> Und zu guter Letzt können Humor und Lachen auch einfach helfen, indem sie Sie eine Weile **von Ihren Sorgen ablenken**. Sie erinnern sich bestimmt, dass wir in der 2. Sitzung über das Spielen gesprochen haben und wie es einen im Moment gefangen halten kann, weil es Spaß macht. Humor ist auch eine Form von intellektuellem Spiel und kann daher helfen, die Probleme zumindest eine Weile zu vergessen.

Was kann man tun, um Stresssituationen mit Humor nehmen zu können?
Durch das Training der letzten Wochen haben sich die Teilnehmer intensiv mit dem Thema Humor befasst und viele Fähigkeiten erworben, die hilfreich sind, um kleinere Schwierigkeiten mit Humor zu nehmen. Sie sollten auch ermutigt werden, diese Fähigkeiten weiter anzuwenden und zu trainieren. Um auch größere Herausforderungen mit Humor zu bewältigen, müssen noch einige weitere Punkte angesprochen werden, die auf den ▸ Folien 72–76 dargestellt sind. Die Zusammenfassung ist den letzten Karteikarten (Humoraufgaben 7 – »Humor im Stress – Humoraufgaben für den Rest Ihres Lebens«) zu entnehmen.
Um Humor als Bewältigungsstrategie einsetzen zu können, sind mehrere Schritte hilfreich:

- **Sich Vorbilder suchen:** Zuallererst ist es wichtig, Vorbilder zu wählen, die diese Fähigkeit bereits haben. Die Teilnehmer sollen sich Gedanken machen, welche Personen für sie als Vorbilder in Frage kommen. Am besten eignen sich Personen aus dem eigenen Umfeld, aber natürlich auch alle anderen, wie Schriftsteller, Schauspieler etc. Die Teilnehmer sollen versuchen, mehr Zeit in Gesellschaft dieser Vorbilder zu verbringen (bzw. wenn es sich eher um Personen der Zeitgeschichte handelt, deren Strategien auf andere Art kennen zu lernen, z. B. in Form von Filmen, Büchern, Interviews etc.), um von deren Fähigkeiten mit profitieren zu können. Außerdem sollen die Teilnehmer sich nicht scheuen, auf die entsprechenden Personen zuzugehen und sie nach ihren Strategien des humorvollen Umgangs zu fragen. Falls jemand aus dem Teilnehmerkreis ein Beispiel für den humorvollen Umgang mit Stress bereits beobachtet hat, ist dies nun eine gute Gelegenheit, es mit den anderen zu teilen. Auch in Zeitungen oder im Fernsehen findet man immer wieder Beispiele für humorvolle Stressbewältigung, vor allem in Form des sogenannten »Galgenhumors«. Das beste Beispiel ist wohl dieser Witz: Der Gefängniswärter öffnet die Zellentür und teilt dem Gefangenen mit: »Heute ist Ihre Hinrichtung.« Darauf der Gefangene: »Na, die Woche fängt ja gut an.«

- **Etwas Witziges an den Problemen anderer suchen:** Es ist in der Regel bedeutend einfacher, an den Problemen anderer Leute etwas Witziges zu finden, als an den eigenen. Wenn es passend erscheint, kann man den anderen seine Beobachtungen über den versteckten Humor auch mitteilen, aber natürlich nur dann, wenn man sicher sein kann, dass dies auch positiv aufgenommen wird.
- **Etwas Witziges an Stresssituationen der Vergangenheit suchen:** Im Nachhinein ist es oft leichter, an Stresssituationen etwas Witziges zu finden. Wahrscheinlich können auch die Gruppenteilnehmer sich an Ereignisse erinnern, die im ersten Moment belastend waren, im Nachhinein aber auch eine lustige Seite hatten. Eventuell können die Teilnehmer auch eigene Beispiele erzählen. Sicherlich haben sie sich auch schon so manches Mal gesagt: »Eines Tages werde ich darüber lachen.« Dies ist in jedem Fall ein gutes Zeichen, schließlich bedeutet es, dass man das Humorpotential der Situation bemerk hat. Mit etwas Übung gelingt es dann auch immer besser, direkt und nicht erst eines fernen Tages darüber zu lachen. Folglich ist der logische nächste Schritt, sich zu überlegen, was genau man an der Situation später wohl lustig finden wird, selbst wenn man im Moment gar nichts lustig findet. Alternativ kann man sich auch fragen: »Wenn jemand anderes das jetzt sehen könnte, was fände er wohl lustig?« oder: »Wenn ich diese Situation meinem Partner/Kollegen/Tochter erzähle, wie könnte ich das schildern?«
- **Überlegen, was an typischen Alltagsproblemen lustig ist:** Wesentliches Humorpotential ist auch in den typischen Ärgernissen eines normalen Tages enthalten. Das können der tägliche Stau auf dem Weg zur Arbeit sein, die lieben Kollegen, jemand, der eine Verabredung vergisst etc. Es gilt auch hier wieder, sich zu überlegen, was daran lustig sein kann.
- **Lustige Bilder und Vorstellungen einsetzen:** Stimmungen kann man hervorrufen, indem man sich passende *Bilder* dazu vorstellt. Das klassische Beispiel ist die Vorstellung einer Zitrone, die dann Speichelfluss hervorruft. Durch das Erzeugen lustiger innerer Bilder lässt sich so auch eine »saure Stimmung« heben. Sicherlich fallen den Teilnehmern Begebenheiten, die sie immer zum Lachen bringen, wenn sie sich daran erinnern. Falls dies nicht der Fall ist, können sie sich auch selbst eine lustige oder verrückte Situation ausdenken. Das ist besonders wirkungsvoll, wenn die Vorstellung mit unangenehmen Personen verbunden wird. Wenn man sich den cholerischen Chef in der Unterhose oder mit einer Clownsnase vorstellt oder ihn in der Vorstellung in ein passendes Tier verwandelt (mit den entsprechenden Geräuschen), dann ist er nur noch halb so furchteinflößend. Je verrückter die Vorstellung, umso durchschlagender die Wirkung.
- **Das Glas halb voll sehen und sich erinnern, dass aus etwas Schlechtem manchmal etwas Gutes entsteht:** Das Thema der 3. Sitzung war der Optimismus und die Fokussierung auf die positive Seite der Medaille. Jetzt sollten die Teilnehmer noch einen Schritt weiter gehen und nach der positiven Seite von Stresssituationen suchen. Auch hier empfiehlt es sich, zunächst mit weniger belastenden

Situationen zu beginnen. Zur Illustration kann die Geschichte auf ▸ Folie 75 verwendet werden, die zeigt, dass sich aus etwas Schlechtem manchmal noch etwas Gutes ergibt.

- **Übertreiben:** Auch die schon bekannte Technik der Übertreibung sollte wieder zum Einsatz kommen, um Belastungssituationen lächerlich werden zu lassen. Falls genügend Zeit vorhanden ist, kann die Gruppe eine kurze Übung machen, in der einer der Teilnehmer eine Stresssituation schildert und die Gruppe dann ein »Schreckensszenario« (natürlich entsprechend lustig) entwickelt.
- **Schon im Voraus eine lustige Reaktion zurechtlegen:** Auch eine gute Vorbereitung ist natürlich wichtig und es hilft, sich schon im Voraus eine lustige Reaktion auszudenken, vor allem, wenn es sich um wiederkehrende Stresssituationen handelt. In der Übung »Beschwerdemanagement« sind Beispiele vorgegeben, die sich beliebig erweitern lassen und an die Teilnehmer ausgeteilt werden können.
- **Den Alltag als Bühne für Witze betrachten:** Die Einsatzmöglichkeiten von Humor als Bewältigungsstrategie sind nur durch die eigene Phantasie begrenzt. Die Teilnehmer sollen einmal versuchen, ihren Alltag als Bühne für Witze zu betrachten und sich selbst als die Hauptdarsteller. Bei einem Witz wird man erst gedanklich in eine bestimmte Richtung gelenkt, um dann durch die Pointe aber eine völlig andere, unerwartete Richtung einschlagen zu müssen. Oft passiert im Alltag genau das Gleiche, weil die verlegten Schlüssel, die Reifenpanne oder der vergessene Termin für unerwartete Pointen sorgen.

Übung 😊

Zum Abschluss dieser Einheit folgt eine kurze Übung, in der jeder Teilnehmer seinem Nachbarn eine belastende, ärgerliche oder unangenehme Situation erzählt. Dann erzählt er sie ein zweites Mal, lässt dabei aber in allen Wörtern das »S« weg.

Alternativ kann hier auch die Übung »Beschwerdemanagement« eingesetzt werden: Jeder Teilnehmer erhält hier eine vorher vorbereitete Beschwerde aus der folgenden Liste:

- Hallo Ober, da ist ein Haar in meiner Suppe.
- Sie haben mir einen Euro zu wenig rausgegeben!
- Da ist ein Fleck auf Ihrem Hemd!
- Sie haben die Musik viel zu laut gemacht!
- Sie heizen die Wohnung zu wenig!
- Sie haben mir einen zu hohen Stuhl gegeben!
- Sie haben mir ein angebranntes Schnitzel serviert!
- Sie haben Dreck an Ihren Schuhen!
- Ihre Nase ist zu groß!
- Sie haben mir einen falschen Börsentipp gegeben!
- Sie haben Ihre Arbeit nicht vollständig gemacht!

- Ihr Kind schaut mich so böse an!
- Sie haben doch einen Vogel!
- Sie haben ja schon wieder Urlaub!
- Ihr Auto ist verdreckt!
- Ihr Humor ist mir zu dreckig!
- Ziehen Sie nicht immer die Nase hoch!
- Das Buch ist zu dick!
- Der Preis ist zu hoch!

Nun soll jeder Teilnehmer auf »seine« Beschwerde mit einem Satz antworten, der beginnt mit: »Wäre es Ihnen lieber, wenn …«, z. B.: Beschwerde: »Die Suppe ist zu heiß«. Antwort: »Wäre es Ihnen lieber, wenn ich sie mit Eiswürfeln servieren würde?«

Humoraufgaben

(Karteikarten Humoraufgaben 7)
Auch in dieser letzten Sitzung werden Humoraufgaben ausgeteilt, die aber nicht nur bis zur kommenden Woche, sondern über das gesamt restliche Leben bearbeitet werden sollen:
- Suchen Sie Witziges zuerst bei »kleinem« Stress.
- Es ist leichter, etwas Witziges an anderer Leute Stress zu finden.
- Suchen Sie sich Vorbilder, die im Stress den Humor bewahren.
- Fragen Sie sich im Stress, worüber Sie am nächsten Tag oder mit einem Freund lachen könnten.
- Erzählen Sie sich einen Witz.
- Spott über Respektspersonen kann guttun.
- Probleme auch mal übertreiben.
- Für ALLES die Schuld auf sich nehmen.
- Es könnte noch schlimmer sein …
- Ich habe schon so viel aus meinen Fehlern gelernt, da freue ich mich über neue!

Abschlussübung ☺

Zugfahrt
Die Teilnehmer stellen ihre Stühle auf wie in einem Zug. Sie einigen sich auf den Verlauf der Reise, wobei als Haltestellen jeweils die Heimatsorte oder Stadtteile der Teilnehmer dienen. Einer (gegebenenfalls der Gruppenleiter) spielt den Schaffner und ruft die Haltestellen aus. Nacheinander steigen also die Teilnehmer aus und verabschieden sich dabei von den anderen. Zusätzlich können alle Teilnehmer und der Schaffner sich noch besondere Vorkommnisse ausdenken (Gepäck verloren, Schwarzfahrer usw.).

Kommentar
Hier geht es darum, den Teilnehmern bewusst zu machen, dass sie bereits in den letzten Sitzungen das nötige Werkzeug kennen und nutzen gelernt haben, um auch mit stressigen Situationen umzugehen: den Persepektivenwechsel durch spielerische Haltung, Übertreibung und Suche nach dem Positiven.
Trotzdem ist eine Trennung immer traurig. Das Training geht zu Ende und deshalb ist ein Verabschiedungsspiel wie die Zugfahrt sinnvoll.

Anhang

Folien 77

Die hier lediglich zur Übersicht abgedruckten Folien der PowerPoint-Präsentation können Sie im Internet unter: www.schattauer.de/falkenberg-2820.html abrufen.

Karteikarten 97

Diese Vorlagen für Karteikarten sind für die Teilnehmer des Trainings gedacht. Sie können die Vorlagen kopieren und einfach ausschneiden oder zusätzlich auf handelsübliche Karteikarten z.B. im Format Din A6 aufkleben.

Spielekiste 109

Dies ist eine Sammlung von Spielen und Übungen, die alternativ oder zusätzlich zu den im Text beschriebenen eingesetzt werden können. Ein Teil der Spiele ist aus Büchern (ggf. zitiert), teilweise verdanken wir die Spiele aber auch den eigenen Erinnerungen an die Jugend und den Beiträgen der Teilnehmer aus früheren Humortrainingsgruppen.

Literatur 121

Internetlinks 128

Humorfähigkeiten trainieren

1. Treffen

Sinn für Humor hat jeder – ich auch!

Themen

1. Sinn für Humor hat jeder – ich auch!
2. Ernsthaftigkeit im Endstadium? Der Wert einer spielerischen Haltung
3. Witze erzählen und lachen
4. Mit Worten spielen und Humor entstehen lassen
5. Alltäglicher Humor
6. Über sich selbst lachen lernen
7. In Stresssituationen den Humor nicht verlieren

„Es ist leicht zuzugeben, dass man ein Gebiss trägt oder ein Toupet, oder dass man Brandstiftung, einen Mord oder Landesverrat begangen hat. Aber niemand würde zugeben, dass er keinen Sinn für Humor hat."

F.M. Colby: Imaginary Obligations. North Stratford: Ayer Company Publishers 1904.

Was bedeutet es, Sinn für Humor zu haben?

- Den Humor anderer wertzuschätzen
- Sich selbst humorvoll zu verhalten
- Humor im Alltag sehen zu können
- Über sich selbst lachen zu können
- In Stresssituationen Humor einsetzen zu können

"Wie bringt man eine Blondine am Freitag zum Lachen?
Indem man ihr am Montag einen Witz erzählt."

© Schattauer GmbH   Humorfähigkeiten trainieren, 1. Treffen – Folie 6

"Warum lackieren sich die Elefanten die Zehennägel rot?
Damit sie sich besser im Kirschbaum verstecken können."

© Schattauer GmbH   Humorfähigkeiten trainieren, 1. Treffen – Folie 8

"Humor zu analysieren ist wie einen Frosch zu sezieren. Kaum jemand interessiert sich dafür und der Frosch stirbt dabei."

E.B. White, zit. n. Gale SH. Encyclopedia of American humorists.
Florence, KY: Taylor & Francis 1988.

© Schattauer GmbH   Humorfähigkeiten trainieren, 1. Treffen – Folie 5

"Was ist der Unterschied zwischen einer Hebamme und einem Chemiker?
Der Chemiker sagt „H 2 O", die Hebamme „Oha, zwei"!"

© Schattauer GmbH   Humorfähigkeiten trainieren, 1. Treffen – Folie 7

Humorfähigkeiten trainieren

2. Treffen

Ernsthaftigkeit im Endstadium?
Der Wert einer spielerischen Haltung

© Schattauer GmbH   Humorfähigkeiten trainieren, 2. Treffen – Folie 12

„Die meiste Zeit habe ich nicht besonders viel Spaß.
Die restliche Zeit habe ich gar keinen Spaß."

Woody Allen, zit. n. B. Adler u. J. Feinman: Woody Allen:
Clown prince of American humor. Wellington: Pinnacle Books 1976

© Schattauer GmbH   Humorfähigkeiten trainieren, 2. Treffen – Folie 12

Themen

1. Sinn für Humor hat jeder – ich auch!
2. **Ernsthaftigkeit im Endstadium? Der Wert einer spielerischen Haltung**
3. Witze erzählen und lachen
4. Mit Worten spielen und Humor entstehen lassen
5. Alltäglicher Humor
6. Über sich selbst lachen lernen
7. In Stresssituationen den Humor nicht verlieren

© Schattauer GmbH   Humorfähigkeiten trainieren, 1. Treffen – Folie 9

„Das Leben ist zu wichtig, um es ernst zu nehmen."

Oscar Wilde: Ernst sein ist alles.
Eine heitere Komödie für ernsthafte Leute. Berlin: Aufbau 2002.

© Schattauer GmbH   Humorfähigkeiten trainieren, 2. Treffen – Folie 11

Folien © Schattauer GmbH

Spiel und seine biologische Funktion

© Schattauer GmbH Humorfähigkeiten trainieren, 2. Treffen – Folie 13

Spiel bei Tieren

- Training von überlebenswichtigen Fähigkeiten
- Förderung der Gehirnentwicklung im Kindesalter
- Förderung der Synapsenbildung auch im Erwachsenenalter

© Schattauer GmbH Humorfähigkeiten trainieren, 2. Treffen – Folie 14

Beim Menschen:

- Humor als Training für *unsere* überlebenswichtigen Fähigkeiten: unsere Intelligenz

© Schattauer GmbH Humorfähigkeiten trainieren, 2. Treffen – Folie 15

Die spielerische Haltung zurückgewinnen

© Schattauer GmbH Humorfähigkeiten trainieren, 2. Treffen – Folie 16

„Die Vergangenheit ist wie ein
gesperrter Scheck, der nicht
mehr eingelöst werden kann.
Die Zukunft ist ein Gutschein,
der vielleicht nie eingelöst wird.
Die Gegenwart ist Bargeld,
gib es mit Bedacht aus."

Anonym

© Schattauer GmbH   Humorfähigkeiten trainieren, 2. Treffen – Folie 17

„Es ist nie zu spät für eine
glückliche Kindheit."

Milton Erickson, zit. n. P. McGhee: Health, Healing and the Amuse System.
Humor as Survival Training, Dubuque, IA: Kendall Hunt Publishing Company 1996.

© Schattauer GmbH   Humorfähigkeiten trainieren, 2. Treffen – Folie 18

Humorfähigkeiten trainieren

3. Treffen

Witze erzählen und lachen

Themen

1. Sinn für Humor hat jeder – ich auch!
2. Ernsthaftigkeit im Endstadium? Der Wert einer spielerischen Haltung
3. **Witze erzählen und lachen**
4. Mit Worten spielen und Humor entstehen lassen
5. Alltäglicher Humor
6. Über sich selbst lachen lernen
7. In Stresssituationen den Humor nicht verlieren

© Schattauer GmbH   Humorfähigkeiten trainieren, 2. Treffen – Folie 19

Witze

„Wenn Sie wollen, dass jemand
über Ihre Witze lacht, sagen Sie ihm,
er habe einen großartigen
Sinn für Humor."

Wichtig beim Witzerzählen ist:

Wichtig beim Witzerzählen ist:

- Pointe nicht vergessen
- Zuerst bei Freunden oder in der Familie ausprobieren
- „Kennt jemand einen neuen Witz?"
- Gute Witze aufschreiben
- Witze mit aktuellem Bezug sammeln
- … oder aktuellen Bezug herstellen

Lachen

© Schattauer GmbH   Humorfähigkeiten trainieren, 3. Treffen – Folie 25

„Was die Seife für den Körper ist,
ist das Lachen für die Seele."

Jüdisches Sprichwort

© Schattauer GmbH   Humorfähigkeiten trainieren, 3. Treffen – Folie 26

Was passiert beim Lachen?

© Schattauer GmbH   Humorfähigkeiten trainieren, 3. Treffen – Folie 27

Rückkopplung zwischen Emotion und Gesichtsausdruck

Emotionsareale im Gehirn ⇄ Emotionaler Gesichtsausdruck

© Schattauer GmbH   Humorfähigkeiten trainieren, 3. Treffen – Folie 28

Folien © Schattauer GmbH

„Ein fröhliches Herz tut dem Leibe wohl; aber ein betrübtes Gemüt lässt das Gebein verdorren."

Die Bibel, Sprüche 17, 22

© Schattauer GmbH   Humorfähigkeiten trainieren, 3. Treffen – Folie 29

© Schattauer GmbH   Humorfähigkeiten trainieren, 3. Treffen – Folie 30

Lachen und Optimismus
– Positives Denken –

© Schattauer GmbH   Humorfähigkeiten trainieren, 3. Treffen – Folie 31

„Der Optimist meint, dass wir in der besten aller möglichen Welten leben. Der Pessimist befürchtet, dass der Optimist Recht hat."

J. B. Cabell: The Silver Stallion. New York: McBride & Co. 1926.

© Schattauer GmbH   Humorfähigkeiten trainieren, 3. Treffen – Folie 32

Gedanken — Emotionen — Verhalten

Halb voll oder halb leer?

Themen

1. Sinn für Humor hat jeder – ich auch!
2. Ernsthaftigkeit im Endstadium? Der Wert einer spielerischen Haltung
3. Witze erzählen und lachen
4. **Mit Worten spielen und Humor entstehen lassen**
5. Alltäglicher Humor
6. Über sich selbst lachen lernen
7. In Stresssituationen den Humor nicht verlieren

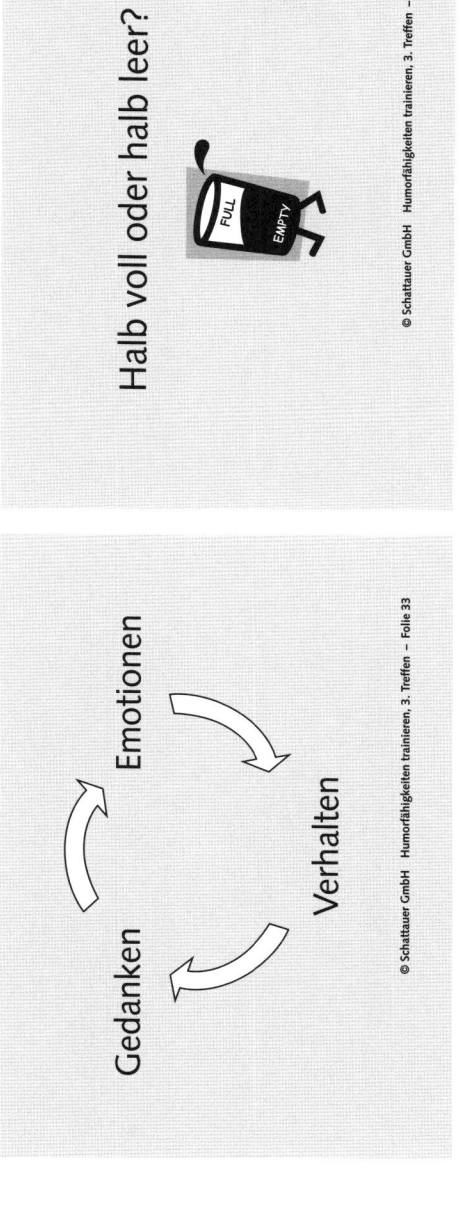

Humorfähigkeiten trainieren

4. Treffen

Mit Worten spielen und Humor entstehen lassen

Der Schriftsteller George Bernard Shaw schrieb einmal an Winston Churchill:

„Lieber Mr. Churchill, ich übersende Ihnen zwei Eintrittskarten für mein neues Stück, dass am Donnerstagabend uraufgeführt wird. Ich würde mich sehr freuen, wenn Sie kommen könnten. Bringen Sie auch gerne einen Freund mit, falls Sie einen haben."

Churchill antwortete darauf:

„Lieber Mr. Shaw, es tut mir leid, aber ich habe am Donnerstag schon etwas vor und kann deshalb nicht kommen. Ich komme aber gerne zur zweiten Vorstellung, falls es eine gibt."

Zit. n. C. Osgood: Funny Letters from Famous People. New York: Broadway Books 2004.

Wortspiele

„Wo arbeitest Du jetzt eigentlich?"
„In einer Autofabrik"
„Am Band?"
„Nein, wir dürfen frei herumlaufen"

Wie nennt man einen brutalen Schäfer?
– Mähdrescher!

Doppeldeutigkeiten in der Werbung

Doppeldeutigkeiten in der Werbung
- Luxemburg: Durch die Bank paradiesisch
  (Dresdner Bank)

Doppeldeutigkeiten in der Werbung
- Luxemburg: Durch die Bank paradiesisch
  (Dresdner Bank)
- Gibt's was Schöneres als frische Blumen? (Licher Pils)

Doppeldeutigkeiten in der Werbung
- Luxemburg: Durch die Bank paradiesisch
  (Dresdner Bank)
- Gibt's was Schöneres als frische Blumen? (Licher Pils)
- Für Dichter und Denker (BASF Dichtstoffe)

Doppeldeutigkeiten in der Werbung

- Luxemburg: Durch die Bank paradiesisch (Dresdner Bank)
- Gibt's was Schöneres als frische Blumen? (Licher Pils)
- Für Dichter und Denker (BASF Dichtstoffe)
- Die besten Schriftsteller waren Trinker (Ovomaltine)

Doppeldeutigkeiten in der Werbung

- Luxemburg: Durch die Bank paradiesisch (Dresdner Bank)
- Gibt's was Schöneres als frische Blumen? (Licher Pils)
- Für Dichter und Denker (BASF Dichtstoffe)
- Die besten Schriftsteller waren Trinker (Ovomaltine)
- Meine Alten stinken mir! (Stiller Schuhe)

Doppeldeutigkeiten in der Werbung

- Luxemburg: Durch die Bank paradiesisch (Dresdner Bank)
- Gibt's was Schöneres als frische Blumen? (Licher Pils)
- Für Dichter und Denker (BASF Dichtstoffe)
- Die besten Schriftsteller waren Trinker (Ovomaltine)
- Meine Alten stinken mir! (Stiller Schuhe)
- Keine heiße Birne mehr (Osram Dulux EL)

Mehrdeutiges in der Zeitung

- „160 Häftlinge warten auf den Tag der offenen Tür"
- „Arm im Gips: Das ist kein Beinbruch"
- „Anscheinend ist die Leiche die Böschung hinaufgeklettert und dabei verunglückt"
- „Auch unsere dritte Tochter ist ein Mädchen! Wir freuen uns riesig!"

Themen

1. Sinn für Humor hat jeder – ich auch!
2. Ernsthaftigkeit im Endstadium? Der Wert einer spielerischen Haltung
3. Witze erzählen und lachen
4. Mit Worten spielen und Humor entstehen lassen
5. **Alltäglicher Humor**
6. Über sich selbst lachen lernen
7. In Stresssituationen den Humor nicht verlieren

© Schattauer GmbH   Humorfähigkeiten trainieren, 4. Treffen – Folie 50

Was ist eine humorvolle Perspektive?

© Schattauer GmbH   Humorfähigkeiten trainieren, 5. Treffen – Folie 52

Übertreibungen

- „Mein Anwesen ist so groß, dass ich, wenn ich die Post holen will, in einem Motel übernachten muss."
- „Sie war so dick, dass sie sich ihren Hula-Hoop-Ring operativ entfernen lassen musste."
- „Er ist so ungeschickt, er stolpert sogar über schnurlose Telefone."
- „Als Teenager hatte ich so viele Pickel, dass die Blinden immer mein Gesicht lesen wollten."

Johnny Carson, US-amerikanischer Komödiant, zit. n. P. McGhee: Health, Healing and the Amuse System. Humor as Survival Training, Dubuque, IA: Kendall Hunt Publishing Company 1996

© Schattauer GmbH   Humorfähigkeiten trainieren, 4. Treffen – Folie 49

Humorfähigkeiten trainieren

5. Treffen

Alltäglicher Humor

Was ist eine humorvolle Perspektive?

- Sympathie für die Ironie des Alltags (s. nächste Folie)
- Fähigkeit zu schnellem Wechsel zwischen ernst und heiter
- Neigung zu ungewöhnlichen Ideen und Assoziationen
- Weniger „heilige Kühe"

Ironie des Schicksals

„Ich taufe Dich auf den Namen Ladykiller" – mit diesen Worten schleuderte die Taufpatin in einem Bootshafen eine Sektflasche gegen den Schiffsrumpf. Doch die Flasche prallte unversehrt wieder zurück und traf die Lady am Kopf, die mit einer leichten Gehirnerschütterung ins Krankenhaus musste.

Wonach suchen Sie?

- Zufälle
- Ironie
- Starre Verhaltensweisen
- Unbeabsichtigten verbalen Humor nicht vergessen!

- „Neuer SPD-Mann ist ein Mann." Frankfurter Neue Presse
- „Seit 40 Jahren beim DRK: Bei erster Hilfe Blut geleckt." Main Post
- „Mehrere wachten bewusstlos im Krankenhaus auf." FAZ
- „Vier von zehn Frauen fielen bei der Führerscheinprüfung durch. Sechs von zehn Männern bestanden." Berliner Zeitung

Wie findet man Humor im Alltag?

- „Knoten ins Taschentuch machen"
- Versteckte Kamera!?
- Freunde und Kollegen fragen
- Wie immer: Aufschreiben
- Weitererzählen

Eine ältere Dame nahm am Militärbegräbnis für ihren 97-jährigen Ehemann teil. Die Salutschüsse, die ihm zu Ehren abgefeuert wurden, erschreckten sie so sehr, dass sie vom Stuhl fiel. Eines ihrer Enkelkinder rief daraufhin erschrocken aus: „Jetzt haben sie Oma erschossen!"

Humorfähigkeiten trainieren
6. Treffen

Über sich selbst lachen lernen

Themen

1. Sinn für Humor hat jeder – ich auch!
2. Ernsthaftigkeit im Endstadium? Der Wert einer spielerischen Haltung
3. Witze erzählen und lachen
4. Mit Worten spielen und Humor entstehen lassen
5. Alltäglicher Humor
6. **Über sich selbst lachen lernen**
7. In Stresssituationen den Humor nicht verlieren

„Das Lustige an uns ist, dass wir uns selbst zu ernst nehmen."

R. Niebuhr: The Essential Reinhold Niebuhr: Selected Essays and Addresses.
New Haven, CT: Yale University Press 1987.

Sich selbst nicht zu ernst zu nehmen bedeutet nicht:

- Eine geringe Meinung von sich zu haben
- Sich selbst zu entwerten
- Inkompetent, unreif oder verantwortungslos zu sein
- Nie ernst sein zu können

Sich selbst nicht zu ernst zu nehmen bedeutet:

- Erkennen, dass man nicht der Mittelpunkt des Universums ist
- Erkennen, dass die eigene Meinung nur eine unter vielen ist
- Sich nicht von den eigenen Schwächen bestimmen zu lassen

Gebrauchsanweisung

- Seien Sie sich bewusst, dass niemand vollkommen ist.
- Machen Sie eine Liste mit Dingen, die Sie an sich selbst nicht mögen.
- Teilen Sie die Punkte ein in „schwerwiegend" und „weniger schwerwiegend" und „veränderbar" und „nicht veränderbar".
- Sprechen Sie mit anderen über die Punkte auf der Liste.
- Sprechen Sie auch über Fehler und peinliche Situationen.
- Lernen Sie einige selbstironische Witze.
- Fangen Sie an, eigene Witze über Ihre Schwächen zu erfinden.
- Legen Sie sich eine lustige Antwort für peinliche Situationen zurecht.
- Verwenden Sie Übertreibungen.

Petrus und der liebe Gott unterhalten sich über die Schwierigkeiten, die es im Himmel gibt. Gott sagt: „Wir verlieren zu viel Geld. Wir brauchen jemanden, der das in Ordnung bringt." Darauf Petrus: „Aber was sollen wir denn machen?" Gott antwortet: „Such uns einen Anwalt." Petrus schaut ihn an und entgegnet: „Wie soll ich denn hier oben einen Anwalt finden?"

© Schattauer GmbH Humorfähigkeiten trainieren, 6. Treffen – Folie 65

„Wenn es kein Unglück gäbe,
hätte ich überhaupt kein Glück."

Woody Allen, zit. n. P. McGhee. Health, Healing and the Amuse System.
Humor as Survival Training.
Dubuque, IA: Kendall Hunt Publishing Company 1996.

© Schattauer GmbH Humorfähigkeiten trainieren, 6. Treffen – Folie 66

Humorfähigkeiten trainieren
7. Treffen
In Stresssituationen den Humor nicht verlieren

Themen
1. Sinn für Humor hat jeder – ich auch!
2. Ernsthaftigkeit im Endstadium? Der Wert einer spielerischen Haltung
3. Witze erzählen und lachen
4. Mit Worten spielen und Humor entstehen lassen
5. Alltäglicher Humor
6. Über sich selbst lachen lernen
7. In Stresssituationen den Humor nicht verlieren

© Schattauer GmbH Humorfähigkeiten trainieren, 6. Treffen – Folie 67

„Dass die Vögel der Sorge und des Kummers über dein Haupt fliegen, kannst du nicht verhindern.
Aber du kannst verhindern, dass sie Nester in deinem Haar bauen."

Chinesisches Sprichwort

„Das Leben ist voller Leid, Einsamkeit und Unglück.
Und zu kurz ist es übrigens auch."

Woody Allen, zit. n. T. Corr: The 2.320 Funniest Quotes: The Most Hilarious Quips and One-Liners from Allgreatquotes.com. Berkeley, CA: Ulysses Press 2011.

Wie wirkt Humor gegen Stress?

- Emotionsregulation
- Entspannung
- Gibt neue Energie/verringert Erschöpfung
- Korrektur des Blickwinkels
- Ersetzt negative Stimmung durch positive
- Gefühl der Kontrolle über die Situation
- Ablenkung

Was muss man tun, um Stresssituationen mit Humor nehmen zu können?

- Sich Vorbilder suchen, denen es leicht fällt, Stress mit Humor zu nehmen
- Etwas Witziges an den Problemen anderer suchen (s. nächste Folie)

„Alles ist lustig, solange es jemand anderem passiert"

W. Rogers: Illiterate Digest. Whitefish, MT: Kessinger Publishing 2003.

Was muss man tun, um Stresssituationen mit Humor nehmen zu können?

- Sich Vorbilder suchen, denen es leicht fällt, Stress mit Humor zu nehmen
- Etwas Witziges an den Problemen anderer suchen
- Etwas Witziges an Stresssituationen der Vergangenheit suchen
- Den zukünftigen Humor im gegenwärtigen Problem suchen
- Überlegen, was an typischen Alltagsproblemen lustig ist
- Lustige Bilder und Vorstellungen einsetzen
- Das Glas halb voll sehen und sich daran erinnern, dass aus etwas Schlechtem manchmal etwas Gutes entsteht (s. nächste Folie)

Ein Bauer besitzt ein Pferd...

Ein Bauer besitzt ein Pferd, von dem seine gesamte Existenz abhängt, denn das Pferd zieht den Pflug, mit dem er seine Felder bestellt. Eines Tages, während er ein Feld pflügt, fällt das Pferd tot um. Die Leute in der Stadt sagen: „Der arme Bauer!" Doch der Bauer sagt nur: „Warten wir's ab." Ein paar Tage später hat jemand Mitleid mit ihm und schenkt ihm ein Pferd. Die Leute sagen: „Was für ein Glück!" Doch der Bauer sagt nur: „Warten wir's ab." Ein paar Tage später läuft das Pferd weg und alle sagen wieder: „Der arme Bauer!". Doch der Bauer sagt nur: „Warten wir's ab." Wieder ein paar Tage später kommt das Pferd mit einem zweiten Pferd zurück. Die Leute sagen: „Was für ein Glück!" Doch der Bauer sagt nur: „Warten wir's ab." Jetzt, wo er zwei Pferde besitzt, beschließt er, mit seinem Sohn auszureiten, aber der Junge fällt vom Pferd und bricht sich ein Bein. Die Leute sagen: „Der arme Junge!" Doch der Bauer sagt nur: „Warten wir's ab." Am nächsten Tag werden junge Männer für den Krieg eingezogen. Der Sohn des Bauern wird nicht eingezogen, er hat ja ein gebrochenes Bein. Die Leute sagen: „Was für ein Glück!" Doch der Bauer sagt nur: „Warten wir's ab."

Was muss man tun, um Stresssituationen mit Humor nehmen zu können?

- Sich Vorbilder suchen, denen es leicht fällt, Stress mit Humor zu nehmen
- Etwas Witziges an den Problemen anderer suchen
- Etwas Witziges an Stresssituationen der Vergangenheit suchen
- Den zukünftigen Humor im gegenwärtigen Problem suchen
- Überlegen, was an typischen Alltagsproblemen lustig ist
- Lustige Bilder und Vorstellungen einsetzen
- Das Glas halb voll sehen und sich daran erinnern, dass aus etwas Schlechtem manchmal etwas Gutes entsteht
- Übertreiben!
- Schon im Voraus eine lustige Reaktion zurechtlegen
- Den Alltag als Bühne für Witze betrachten

Karteikarten

Diese Vorlagen für Karteikarten sind für die Teilnehmer des Trainings gedacht. Sie können die Vorlagen kopieren und einfach ausschneiden oder zusätzlich auf handelsübliche Karteikarten z.B. im Format DIN A6 aufkleben.

Humorfähigkeiten trainieren

Der Spielplan

1. Sinn für Humor hat jeder – ich auch!
2. Ernsthaftigkeit im Endstadium? Der Wert einer spielerischen Haltung
3. Witze erzählen und lachen
4. Mit Worten spielen und Humor entstehen lassen
5. Alltäglicher Humor
6. Über sich selbst lachen lernen
7. In Stresssituationen den Humor nicht verlieren

Was bedeutet es, Sinn für Humor zu haben?

- Den Humor anderer wertzuschätzen
- Sich selbst humorvoll zu verhalten
- Witze zu erzählen
- Spontan witzige Sprüche zu machen
- Herumzublödeln
- Witziges im Alltag zu entdecken
- Über sich selbst lachen zu können
- Witziges trotz Stress entdecken und Humor auch in schwierigen Situationen einsetzen zu können

Humoraufgaben 1

- Suchen Sie sich jeden Tag etwas Witziges aus professioneller Quelle.
- Wenn Sie Profis zuschauen: Analysieren Sie den Stil! Welche Aspekte davon passen am besten zu Ihnen? Können Sie das nachmachen?
- Suchen Sie sich jede Woche einen Cartoon, der eine Bedeutung für Sie hat, und hängen Sie ihn an sichtbarer Stelle auf. Bringen Sie Ihren Lieblingscartoon zur nächsten Stunde mit.
- Setzten Sie sich weiter mit Ihrem persönlichen Sinn für Humor auseinander. Was zeichnet ihn aus? Welche Einflüsse haben bei seiner Entwicklung eine Rolle gespielt? Was sagen Menschen, die Sie gut kennen über Ihren Sinn für Humor?

Definitionen für Humor

(nach www.zitate.de)

Der Knopf, der verhindert, daß uns der Kragen platzt.
Joachim Ringelnatz (1883–1934), dt. Dichter

Der Schwimmgürtel auf dem Strom des Lebens.
Wilhelm Raabe (1831–1910), dt. Dichter

Die Fähigkeit, heiter zu bleiben, wenn es ernst wird.
Ernst Penzoldt (1892–1955), dt. Schriftsteller

Eines der besten Kleidungsstücke, die man in der Gesellschaft tragen kann.
William Thackeray (1811–1863), engl. Schriftsteller

An dem Punkt, wo der Spaß aufhört, beginnt der Humor.
Werner Finck (1902–1978), dt. Kabarettist

Das Leben ist schwer – ein Grund mehr, es auf die leichte Schulter zu nehmen.
Emil Gött (1864–1908), dt. Schriftsteller

Humoraufgaben 2

- ☺ Machen Sie ein verrücktes Fotos von sich selbst.
- ☺ Machen Sie eine Liste der Dinge, die Ihnen Spaß machen, und tun Sie davon zwei pro Tag.
- ☺ Beobachten Sie Kinder beim Spielen.
- ☺ Kleben Sie rote Punkte als Erinnerung ans Spielen auf.
- ☺ Tun Sie jeden Tag eine verrückte Sache.

Die goldenen Regeln des Witzerzählens

- Versuchen Sie nicht, Witze zu erzählen, die Sie nicht gut kennen.
- Erzählen Sie keine Witze, die Sie selbst nicht lustig finden.
- Lachen Sie nicht schon über den Witz, bevor Sie ihn erzählt haben.
- Machen Sie keine Ankündigungen vorweg, wie z. B. »Ich erzähle jetzt einen Witz« oder »Ich kann ja eigentlich nicht besonders gut Witze erzählen, aber …«.
- Entschuldigen Sie sich nicht, wenn keiner lacht.
- Versuchen Sie nicht, den Witz zu erklären, wenn keiner lacht.
- Setzen Sie passende Gestik und Mimik ein, wenn Sie einen Witz erzählen.

Weitere goldene Regeln des Witzerzählens

- Seien Sie sich darüber im Klaren, welche Wörter besonders betont werden müssen.
- Ziehen Sie den Witz nicht unnötig in die Länge. In der Kürze liegt die Würze!
- Erzählen Sie die Pointe erst am Schluss und deuten Sie nicht schon vorher an, was gleich kommt.
- Machen Sie bei sehr bildhaften Witzen an passender Stelle eine kurze Pause, damit Ihr Publikum sich die Situation vorstellen kann.
- Erzählen Sie nicht zu viele Wortspiele. Wortspiele sind für Zuhörer meist viel weniger witzig als für die Erfinder.

Weitere goldene Regeln des Witzerzählens

- Erzählen Sie keine diskriminierenden oder beleidigenden Witze, vor allem, wenn Sie Ihr Publikum nicht genau kennen. Sie könnten unbeabsichtigt andere Leute verletzen.
- Erzählen Sie keine rassistischen oder sexistischen Witze.
- Erzählen Sie »riskante« Witze nur, wenn Sie Ihr Publikum genau kennen.
- Beachten Sie die Umstände und erzählen Sie keine Witze, wenn sie nicht angebracht sind.
- Hören Sie rechtzeitig wieder auf.
- Wenn möglich, stellen Sie einen persönlichen Bezug zwischen dem Witz und Ihrem Publikum her. Verwenden Sie Personen, Orte oder Tätigkeiten, die etwas mit Ihrem Publikum zu tun haben.

Humoraufgaben 3

- 😊 Lachen Sie viel – suchen Sie Situationen, in denen Sie lachen können.
- 😊 Treffen Sie Leute, mit denen Sie lachen können.
- 😊 Seien Sie optimistisch.
- 😊 Lernen Sie jeden Tag einen neuen Witz.
- 😊 Fragen Sie Freunde und Bekannte nach Witzen.
- 😊 Bleiben Sie weiter spielerisch.

Optimismus

1. Sind Sie eher ein optimistischer oder ein pessimistischer Mensch? Worin zeigt sich das?
2. Nennen Sie je zwei aktuelle Beispiele für Ereignisse, die
    a) Ihren Optimismus gestärkt haben,
    b) Ihren Pessimismus gestärkt haben.

Pointen ergänzen

1. »Herr Ober, was macht die Fliege in meiner Suppe?« – »Ich weiß nicht, mein Herr, aber es sieht aus

    wie _____.«

    HINWEIS: Ein Klassiker.

2. »Ich habe Knacker-Ede jetzt drei Stunden lang verhört«, sagt der Polizist zu seinem Kollegen. «Und, hat er gestanden?«

    »Ja sicher, glaubst Du vielleicht, ich biete _____.«

    HINWEIS: Wörtlich nehmen!

Karteikarten © Schattauer GmbH

Pointen ergänzen

3. Die Kanzlerin braucht eine neue Brille.
   Fragt der Optiker: »Kurz oder weitsichtig?«

   Sagt die Kanzlerin: »_____.«

   HINWEIS: Sonst fehlt der Durchblick

4. »Das ist jetzt schon die dritte Frage, die Sie nicht beantworten können«, sagt der Professor tadelnd zu seinem Prüfling. »Herr Professor, lassen Sie mir bitte etwas Zeit zum Nachdenken«, bittet der Kandidat nervös. »Aber gerne, würde Ihnen die Zeit

   bis zum _____
   reichen, junger Mann?«

   HINWEIS: Mit anderen Worten: Durchgefallen!

Pointen ergänzen

5. Warum sind weibliche Astronauten im Weltraum so wichtig? – Wenn sich die Mannschaft verirrt, fragt wenigstens

   _____

   HINWEIS: Was machen Männer ungern, wenn sie sich verirren?

6. Einem Mann steht nach einem Unfall eine schwere Operation bevor. Er fragt den Chirurgen, ob er nach der Operation Golf spielen können wird. Der Arzt antwortet: «Ja, das kann ich Ihnen versprechen.« Darauf der Patient: «Das ist fantastisch!

   Ich habe nämlich _____.«

   HINWEIS: Ändern Sie die Grundannahme, von der Sie bei dem Patienten ausgehen.

   Lösungen: 1: Brustschwimmen, 2: ihm einen Stuhl an, 3: durchsichtig, 4: nächsten Semester, 5: jemand nach dem Weg, 6: noch nie Golf gespielt.

Übertreibungen selbst erfinden

1. **Wählen Sie ein Thema.**
   Das Thema können Sie selbst sein, Ihre Schwiegermutter, Ihr Beruf, Ihr Auto, etc.
   Nehmen wir an, Sie wählen Ihr Auto.

2. **Machen Sie eine Liste mit Begriffen, die mit dem Thema zu tun haben (nur Hauptwörter).**
   Zu »Auto« fällt Ihnen vielleicht ein: Tür, Scheinwerfer, Motor, Kofferraum, Scheibenwischer, Tank, Nummernschild, Tachometer etc.

3. **Wählen Sie noch ein Adjektiv, das das gewählte Thema beschreibt, z. B. alt, langsam, klein, sparsam etc.**
   Nehmen wir an, Sie wählen »alt«.

Übertreibungen selbst erfinden – Fortsetzung

4. **Machen Sie eine Liste mit Begriffen, die zu dem Adjektiv aus dem 3. Schritt passen.**
   Zu »alt« passt beispielsweise: Falten, Fossilien, römische Zahlen, graue Haare, Arthritis, Versteinerung etc.

5. **Suchen Sie Begriffe aus den beiden Listen, die Sie sinnvoll kombinieren können. Kombinieren Sie sie so, dass eine absurde Übertreibung entsteht.**
   Zum Beispiel: Mein Auto ist so alt, dass

   1. auf dem Tachometer römische Zahlen stehen,
   2. der Lack Faltencreme braucht,
   3. im Kofferraum Eier von Dinosauriern liegen,
   4. der Chrom Altersflecken hat,
   5. das Nummernschild in Stein gehauen ist.

Humoraufgaben 4

- 😊 Suchen Sie nach Gegenständen mit doppeldeutigen Namen.
- 😊 Sammeln Sie witzige Überschriften und Werbung.
- 😊 Machen Sie mindestens eine witzige Definition pro Tag.
- 😊 Suchen Sie jeden Tag mindestens einmal nach Doppeldeutigkeiten in Gesprächen.
- 😊 Versuchen Sie Wortspiele in Gesprächen.
- 😊 Sammeln Sie weiter Witze.

Humoraufgaben 5

- 😊 Stellen Sie sich vor: Es gibt eine Verschwörung gegen Sie: Alle wollen Sie zum Lachen bringen. Seien Sie misstrauisch, achten sie darauf!
- 😊 Schreiben Sie witzige Situationen auf.
- 😊 Teilen Sie witzige Erlebnisse anderen mit.
- 😊 Fragen Sie Freunde, was diese witzig, absurd, bizarr finden, wann und worüber sie das letzte Mal gelacht haben (»Heute schon gelacht?«).
- 😊 Machen Sie sich keine Gedanken, ob die anderen dasselbe wie Sie witzig finden. Wenn es für Sie komisch ist, ist es komisch!

Humoraufgaben 6 – Teil 1

Machen Sie eine Liste der Dinge, die Sie bei sich selbst nicht mögen.

Humoraufgaben 6 – Teil 2

- 😊 Geben Sie Ihre Schwächen und ungeliebten Seiten vor sich selbst zu.
- 😊 Erzählen Sie anderen davon (zuerst die harmlosen).
- 😊 Erzählen Sie anderen von Missgeschicken, Fehlern, Fettnäpfchen …
- 😊 Suchen Sie ein paar Witze über Ihre Fehler …
- 😊 … und benutzen Sie diese auch!
- 😊 Schreiben Sie es auf, wenn Sie erfolgreich damit waren (was bedeutet Erfolg für Sie?).
- 😊 Lachen Sie häufiger über sich selbst.

Humoraufgaben 7
Humor im Stress – Humoraufgaben für den Rest Ihres Lebens

- 😊 Suchen Sie Witziges zuerst bei »kleinem« Stress.
- 😊 Es ist leichter, etwas Witziges an anderer Leute Stress zu finden.
- 😊 Suchen Sie sich Vorbilder, die im Stress den Humor bewahren.
- 😊 Fragen Sie sich im Stress, worüber Sie am nächsten Tag oder mit einem Freund lachen könnten.
- 😊 Erzählen Sie sich einen Witz.

Humoraufgaben 7 – Fortsetzung

- 😊 Spott über Respektspersonen kann guttun.
- 😊 Probleme auch mal übertreiben.
- 😊 Für ALLES die Schuld auf sich nehmen.
- 😊 Es könnte noch schlimmer sein …
- 😊 Ich habe schon so viel aus meinen Fehlern gelernt, da freue ich mich über neue!

Spielekiste

Dies ist eine Sammlung von Spielen und Übungen, die alternativ oder zusätzlich zu den im Text beschriebenen eingesetzt werden können. Ein Teil der Spiele ist aus Büchern (ggf. zitiert), teilweise verdanken wir die Spiele aber auch den eigenen Erinnerungen an die Jugend und den Beiträgen der Teilnehmer aus früheren Humortrainingsgruppen.[1] Wir machen Vorschläge, in welchen Sitzungen diese Spiele besonders gut eingesetzt werden können. Letztendlich bleibt die Auswahl aber natürlich dem Leiter überlassen und fast alle Spiele können in jeder Sitzung benutzt werden.

1. Der Kuh Milch geben
Die Leiterin stellt einem Teilnehmer Fragen, bei denen die Antwort »weiß« korrekt ist (z. B.: Welche Farbe hat Schnee? Welche Farbe hat dieses Blatt Papier?), und dann die Frage, was eine Kuh trinkt. Typischerweise kommt dann die Antwort »Milch«.
Kommentar: Dieser Test kann als angeblicher »Stresstest« verwendet werden. Er kann auch dazu dienen, zu illustrieren, wie Aufmerksamkeit steuerbar ist, um damit zu unterstreichen, dass es sich lohnt, die Aufmerksamkeit bewusst auf Humor zu lenken. Am besten nicht den Unsichersten der Gruppe als Mitspieler nehmen.
Sitzung 1

2. ABC-Hörnchen
Ein Teilnehmer bekommt eine Skizze, die er ohne Zuhilfenahme der Hände zwei oder mehr anderen Teilnehmern beschreiben soll, die dann eine ähnliche Skizze anfertigen sollen.
Kommentar: Dieses Spiel macht nicht nur deutlich, wie schwierig es ist, komplexere Sachverhalte mit Worten allein zu beschreiben und welche große Rolle normalerweise Mimik und Gestik spielen, es ist auch lustig und fördert die Kommunikation zwischen den Spielern.
Sitzung 1–4, 6

---

[1] Unser ganz besonderer Dank gilt Kathrin Faltermeier, die wesentlich zur Erstellung dieser Sammlung beigetragen hat.

3. Ja-Spiel
Einer macht einen Vorschlag, alle müssen begeistert »Ja!« rufen (z. B. in die Höhe springen), bis der Nächste einen Vorschlag macht, auf den dann ebenso begeistert reagiert werden soll. Das Spiel kann beendet werden, indem der Leiter ruft: »Wir gehen alle nach Hause!« (Lauer 2004)
Kommentar: Ein sehr aktivierendes Spiel, das mit dem Vorschlag des Leiters, nach Hause zu gehen, auch gut zum Ende der Sitzung verwendet werden kann.
Sitzung 1–6

4. S-Spiel
Im Kreis stehend eine fortlaufende Geschichte erzählen, evtl. zu einem vorgegebenen Thema, jeder reihum ein Wort, aber man darf kein Wort mit »S« sagen. Wer einen Fehler gemacht hat, muss sich setzen, bis nur noch einer steht.
Kommentar: Aktivierend, lustig; trainiert die verbale Kreativität beim Ausdenken der Formulierungen ohne »S«.
Sitzung 2, 4, 6, 7

5. Zettelgeschichte
Auf einen Zettel nacheinander jeweils in eine Zeile schreiben: eigener Name. Wann? Wo? Was? Warum?
Nach jeder Antwort das Geschriebene wegfalten und das Blatt an den Nachbarn weitergeben.
Kommentar: Das Spiel zeigt, wie Witziges spontan, ohne gezielte Absicht, entstehen kann.
Sitzung 1, 4, 5

6. Falsche Namen
Einen beliebigen Gegenstand nehmen und ihm eine andere Bezeichnung geben. Der Nachbar muss fragen: „Was ist das?" Antwort: Die falsche Bezeichnung (z. B. »Ein Dinosaurier«, statt Locher). Er erhält den Gegenstand und wird wiederum von seinem Nachbarn gefragt. So wandert der Gegenstand reihum. Schwieriger und lustiger wird es, wenn man mehrere Gegenstände in verschiedene Richtungen weiterreicht.
Kommentar: Das Spiel trainiert schnelle Reaktionen und verbale Kreativität.
Sitzung 1, 3, 4, 5

7. Diskussionsspiel

Jeder bekommt einen Zettel mit einer bestimmten Rolle, die er im Gespräch spielen soll. (z. B. immer schweigen, anderen ins Wort fallen, alles wiederholen, jedem Recht geben, Schimpfwörter verwenden etc.). Die Gruppe oder der Leiter legt ein Diskussionsthema fest (Fußball, Politik, Menüplanung im Haus etc.). Nach einiger Zeit wird abgebrochen und alle müssen versuchen zu erkennen, wer welche Rolle hatte.
Kommentar: Das Spiel trainiert die Beobachtungsgabe und die Fähigkeit, sein eigenes Verhalten in Gesprächen zu kontrollieren.
Sitzung 1–7

8. Armer schwarzer Kater

Ein Teilnehmer ist in der Mitte des Kreises und muss versuchen, mit Katzenlauten, Grimassen, Gesten, die anderen zum Lachen zu bringen. Der Teilnehmer, vor dem der »Kater« sitzt, muss sagen: »Armer schwarzer Kater«. Wenn er lacht, ist er selbst der »Kater«.
Kommentar: Altes Kinderspiel, kann die Teilnehmer daran erinnern, wie viel Freude sie früher mit Spielen hatten und ihnen zeigen, wie viel Spielerisches sie immer noch haben.
Sitzung 2, 6

9. Mein rechter, rechter Platz ist frei

Die Teilnehmer sitzen in der Runde, ein Stuhl extra. Jeder schreibt seinen Namen auf einem Zettel, den er zusammenfaltet. Diese Zettel werden gemischt, dann erhält jeder einen Zettel. Der neben dem leeren Stuhl beginnt: »Mein rechter, rechter Platz ist frei. Da wünsch ich mir XY (nennt den Namen auf seinem Zettel) herbei!« XY fragt: »Als was soll ich kommen?« Mögliche Antworten: »Als Frosch«, »Als Supermodel« etc. Und das muss der so Gerufene dann ausführen. Der Teilnehmer rechts neben dem dann leeren Stuhl macht weiter.
Kommentar: Gut zum Kennenlernen; aktivierend.
Sitzung 1, 2

10. Bild-Satz-Geschichte

Jeder schreibt oben auf einen Zettel einen Satz. Der Zettel wird dann an den Nachbarn weitergegeben, dieser muss malen, was der Satz meint, dann den Satz wegfalten und den Zettel an den Nachbarn weitergeben. Dieser muss einen Satz zu dem Bild schreiben. Am Ende, z. B. nach vier Satz+Bild-Folgen werden die Zettel angesehen.
Kommentar: Verblüffend, zeigt, wie Kreatives und Witziges auch ohne gezielte Planung entstehen kann und dass Missverständnisse sehr witzig sein können.
Sitzung 1–7

11. Freeze

Zwei spielen zunächst eine vorgegebene Szene (z. B. zwei Freunde treffen sich, ein Haar in der Suppe, Frau Merkel beim Friseur …). Ein anderer Teilnehmer oder der Leiter (vorher absprechen) ruft irgendwann Freeze. Die Spieler müssen in genau der Position verharren, in der sie sich gerade befinden. Derjenige, der Freeze gerufen hat, nimmt die Position eines der Spieler ein und spielt i. d. R. eine andere Geschichte weiter, an die ihn die Freeze-Situation erinnert hat (bzw. wenn der Leiter das Stoppen übernommen hat, stellen sich die anderen Teilnehmer in einer Reihe auf und der Nächste in der Reihe übernimmt eine der beiden Positionen). Kann beliebig oft wiederholt werden (nach Johnstone et al. 1998; Tracht 2006)
Kommentar: Fördert Spontaneität und das Sich-Einlassen auf den Moment, auf die aktuelle Situation.
Sitzung 2, 3, 4, 5

12. Maschine

Einer beginnt, stellt sich in die Mitte und macht irgendein Geräusch und irgendeine Bewegung, die einen Teil einer Maschine darstellen könnten. Ein Zweiter kommt dazu, macht ein anderes Geräusch und eine andere Bewegung, die zum Vorgänger passen könnte. Am Schluss entsteht eine menschliche Maschine, die nichts produzieren können muss, aber an der jeder beteiligt sein sollte.
Kommentar: Fördert Spiellust, Kreativität, Freude am Blödsinn; aktivierend.
Sitzung 1–7, insbesondere 2

13. Beschwerdemanagement
(in Zweiergruppen oder in der ganzen Gruppe nacheinander)

Jeder bekommt einen Zettel mit Beschwerdesätzen (s. Anhang 1, S. 118). Einer richtet den Vorwurf auf dem Zettel an sein Gegenüber/seinen Nachbarn. Dieser muss mit einer Gegenfrage antworten, die mit »Wäre es Ihnen lieber, wenn …« beginnen soll. Klassisches Beispiel: »Herr Ober, da ist eine Fliege in meiner Suppe!« – »Wäre es Ihnen lieber, wenn es ein Elefant wäre?« (nach Titze 2012).
Kommentar: Das Spiel kann in Zweiergruppen oder in der Runde nacheinander gespielt werden. Es trainiert die Fähigkeit, sich bei Angriffen anders als mit Rechtfertigungen zu wehren und durch Übertreibung oder Herstellung eines witzigen Zusammenhangs die Spannung zu reduzieren.
Sitzung 7

14. Menschliche Orgelpfeifen

Einer ist Dirigent, die übrigen stellen sich in einer Reihe auf bzw. bleiben am Platz sitzen. Jeder (außer dem Dirigenten) überlegt sich einen Ton/ein Geräusch. Der Dirigent zeigt auf die einzelnen »menschlichen Orgelpfeifen«, die machen den Ton und stehen evtl. dazu auf (bringt noch mehr Bewegung ins Spiel). Der Dirigent kann versuchen, ein Lied zu komponieren.
Kommentar: Fördert Spielfreude; aktivierend.
Sitzung 2

15. Zeitungskeule

Alle sitzen im Kreis, ein Stuhl ist frei. Einer steht in der Mitte, hat eine zusammengerollte Zeitung/Zeitschrift als Keule in der Hand. Er muss einen Namen sagen, der Genannte muss versuchen auf den freien Stuhl zu kommen, ohne dass ihn der andere mit der Zeitung berührt. Hat der Stuhlwechsler das nicht geschafft, muss er in die Mitte.
Kommentar: Es sollten mindestens zehn Mitspieler sein, damit der Kreis nicht so eng ist. Das Spiel fördert Spielfreude, ist aktivierend und hilft, die Namen der Teilnehmer zu lernen.
Sitzung 1, 2

16. Gefühle zeigen

Jeder zieht zwei Zettel. Auf einem steht ein Satz, auf dem anderen ein Adjektiv (traurig, verliebt, wütend etc.). Es können eigene Sätze der Teilnehmer oder die Beispiele im Anhang 2 (s. S. 119) verwendet werden (ist zeitsparender, aber weniger kreativ). Reihum werden die Sätze mit dem jeweiligen Gefühlsausdruck vorgelesen und die anderen müssen erraten, welche Gefühlsregung gemeint war. Man kann auch jeweils zwei auf diese Weise einen Dialog halten lassen.
Kommentar: Förderung des spielerischen Umgangs mit Sprache; Erleben, wie komisch es sein kann, wenn unpassende Elemente zusammentreffen (Satzinhalt und Emotion).
Sitzung 3, 4, 6, 7

17. Summ-Spiel

Ein Freiwilliger verlässt den Raum (Person A). Die anderen überlegen sich eine Tätigkeit, die Person A machen muss, wenn sie wieder hereinkommt (auf einen Stuhl steigen, Uhr verstellen, Blumenstock an anderen Platz stellen …). Person A kommt herein, weiß aber nicht, was sie machen soll. Die anderen beginnen zu summen, wenn Person A zur Tür hereinkommt; werden lauter, wenn sie in die Richtung geht, wo sie das vorher Ausgemachte tun soll, bzw. wenn sie das tut, was man von ihr möchte. Das Summen wird leiser, wenn Person A sich von der Tätigkeit/dem Ort entfernt. Das Spiel kann man beliebig in die Länge ziehen oder ggf. Person A irgendwann Tipps geben.
Kommentar: Aktivierend; alle sind beteiligt, auch ohne sich exponieren zu müssen; fördert die Fähigkeit, seine Aufmerksamkeit auf die Reaktionen der anderen zu richten.
Sitzung 1–7

18. Menschenmemory

Einer geht hinaus. Die anderen Teilnehmer finden sich in Paaren zusammen und einer überlegt sich eine Bewegung, der andere ein dazu passendes Geräusch. Der Teilnehmer von draußen kommt wieder herein und muss wie bei Memory auf zwei Personen zeigen, die entweder das Geräusch oder die Bewegung machen. Er muss herausfinden, wer zusammengehört und diese Personen dann gleichzeitig »aufdecken«.
Kommentar: Das Spiel ist lustiger mit mehr Teilnehmern, es funktioniert aber auch mit wenigen. Wenn es genug Mitspieler gibt, können auch evtl. zwei Personen gegeneinander spielen. Aktivierend, alle sind beteiligt.
Sitzung 1–7

19. Schuh-Boccia

Einen Mülleimer oder ein anderes Ziel etwas entfernt am Zimmerende aufstellen. Die Teilnehmer versuchen, die eigenen Schuhe möglichst nah an den Mülleimer heranzubringen, indem sie sie entweder von den Füßen kicken oder mit den Händen zum Mülleimer schubsen.
Kommentar: Fördert die Freude am Blödsinn; aktivierend.
Sitzung 1–7, insbesondere 2

20. Medizinmann

Einer verlässt das Zimmer. Der Spielleiter erklärt den übrigen Teilnehmern, dass sie immer auf die Frage antworten sollen, die der Teilnehmer draußen dem Vorgänger gestellt hat. Der Mitspieler von draußen bekommt gesagt, alle im Raum hätten eine seltsame Krankheit und er müsse rausfinden, was das sei.
Kommentar: Fördert die Aufmerksamkeit, den Umgang mit Sprache und demonstriert, wie aus Inkongruenz Komik entstehen kann.
Sitzung 3, 4

21. Nicht lachen

Einer muss versuchen, zwei Minuten lang nicht zu lachen. Die Übrigen müssen alles versuchen, um ihn zum Lachen zu bringen, dürfen aber nicht aufstehen oder den anderen berühren.
Kommentar: Ähnlich wie »Armer schwarzer Kater«, aber mit noch mehr Möglichkeiten, auf verschiedene Arten komisch zu sein.
Sitzung 2, 3, 4, 5

22. Teekessel

Ein doppeldeutiges Wort finden (ggf. Vorschlag auf Zettel). Zwei müssen sich über das Wort in jeweils der anderen Bedeutung unterhalten, verwenden statt des Wortes aber »Teekessel«. Die Übrigen müssen erraten, um welches Wort es sich handelt.
Kommentar: Gutes Training für das Entdecken von Doppeldeutigkeiten.
Sitzung 4

23. Kartenspiel

Bestimmte Karten haben eine Bedeutung:
- Ass: Aufstehen
- 2: zweimal in die Hände klatschen
- König: aufstehen und sich einmal im Kreis drehen
- Joker: Man darf sich etwas für seinen rechten Nachbarn überlegen
- Evtl. noch weitere Karten mit Bedeutungen

Jeder zieht der Reihe nach eine Karte und muss tun, was die Karte sagt.
Kommentar: Je mehr Tempo beim Spiel, desto lustiger; ggf. muss der Leiter immer wieder anfeuern; aktivierend; der Spaß entsteht durch die Fehler, die man macht.
Sitzung 2, 5, 6, 7

24. Wörtlich nehmen

Die Teilnehmer gehen durch den Raum, der Spielleiter ruft ihnen Metaphern und Redensarten zu, die sie sofort wörtlich nehmen und in die Tat umsetzen, z. B.:

- jdm. einen Blick zuwerfen
- die Faust im Nacken spüren
- den zweiten Schritt vor dem ersten tun
- jdn. an der Nase herumführen
- etwas übers Knie brechen
- jdn. um die Ecke bringen
- jdn. auf den Arm nehmen
- jdn. vor den Kopf stoßen
- jdm. die kalte Schulter zeigen
- jdm. einen Bären aufbinden
- sich etwas in die Tasche lügen
- jdn. über den Tisch ziehen etc.

Kommentar: Fördert die Beschäftigung mit Doppeldeutigem und pantomimische Fähigkeiten; aktivierend (Lauer 2004).

Sitzung 4, 5, 6, 7

25. Do it

Benötigt werden ein Raum mit ausreichend Bewegungsfreiheit und flotte Musik. Zur Musik bewegen sich alle Mitspieler durch den Raum. Nach zwei Minuten stellt der Trainingsleiter die Musik ab und gibt ein Kommando, das die Mitspieler befolgen müssen, bis die Musik nach kurzer Zeit wieder einsetzt, z. B.:

- So schnell wie möglich so viele Hände schütteln, wie in dieser Zeit zu fassen sind.
- Ganz schnell in alle vier Ecken des Raumes laufen und sie mit einer Hand abklatschen.
- So viel Mitspielern wie möglich einen leichten (!) Klaps auf die Schulter geben.
- Sobald die Musik wieder spielt, auf den Knien durch den Raum rutschen, aber im Rhythmus.
- Sich schnell auf den Boden legen und erst wieder aufstehen, wenn die Musik weiterspielt.
- Mit einem Partner weitertanzen.
- Auf einem Bein im Rhythmus hüpfen usw.

Kommentar: Aktivierend; fördert Spaß am Blödsinn.

Sitzung 1–3, 6

26. Die Tante aus Amerika

Der Spielleiter beginnt mit dem Satz: »Die Tante aus Amerika ist da. Was hat sie denn mitgebracht?« Der Nächste antwortet z. B. »Ein Fahrrad.« Und macht die typische Radfahrbewegung, die jetzt alle mitmachen müssen. Dann sagt der nächste Teilnehmer wieder: »Die Tante aus Amerika ist da« usw. Die Spielteilnehmer müssen nach und nach immer mehr zusätzliche Bewegungen gleichzeitig machen, bis sich alles in Tohuwabohu auflöst.
Kommentar: Aktivierend; fördert den Spaß am Blödsinn und macht es leicht, über eigene Fehler zu lachen.
Sitzung 1–3, 6

27. Ebbe und Flut

Der Spielleiter erzählt eine kleine Geschichte von Leuten, die am Strand entlanggehen. Alle Spieler stellen pantomimisch das dar, was der Spielleiter erzählt. Zum Beispiel: gehen, wandern, hüpfen, Schuhe ausziehen und das Wasser ausschütten, Hosenbeine hochkrempeln, jemanden durchs Wasser tragen, schwimmen, in einen Seeigel treten etc. Dazwischen nennt er immer wieder die Wörter »Ebbe« und »Flut«. Sobald die Spieler »Ebbe« hören, legen sie sich in den Sand (= flach auf den Boden). Hören sie »Flut« müssen sie so schnell wie möglich aus dem Wasser raus (= auf Stühle steigen). Wer zuletzt liegt oder auf dem Stuhl steht, erzählt die Geschichte weiter (wenn die Mitspieler nicht so viel Fantasie zeigen, erzählt der Spielleiter weiter).
Kommentar: Aktivierend, fördert Spaß am Blödsinn.
Sitzung 1–3, 6

28. Waldspaziergang

Alle stehen im Kreis. Der Leiter erklärt, dass es um einen Spaziergang im Wald geht. Dort sind unterwegs:
- die Oma (macht vor, wie die Oma am Stock geht und dazu »mimimi« macht),
- der Jogger (keucht, macht Laufbewegung),
- das Wildschwein (grunzt und schnüffelt),
- der Spanner (atmet schwer, mit heraushängender Zunge).

Der Leiter schickt diese Figuren nacheinander nach rechts und links los, dabei machen sie Bewegungen und Geräusche zum Nachbarn hin, der das dann an den Teilnehmer auf seiner anderen Seite weitergibt.
Kommentar: Es entsteht spätestens, wenn sich die ersten Figuren unterwegs begegnen, Verwirrung und Spaß. Aktivierend; fördert den Spaß am Blödsinn (nach Lauer 2004).
Sitzung 1–3, 6

Anhang 1 zur Spielekiste: Beschwerdemanagement

Hallo Ober, da ist ein Haar in meiner Suppe.
Sie haben mir einen Euro zu wenig rausgegeben!
Da ist ein Fleck auf Ihrem Hemd!
Sie haben die Musik viel zu laut gemacht!
Sie heizen die Wohnung zu wenig!
Sie haben mir einen zu hohen Stuhl gegeben!
Sie haben mir ein angebranntes Schnitzel serviert!
Sie haben Dreck an Ihren Schuhen!
Ihre Nase ist zu groß!
Sie haben mir einen falschen Börsentipp gegeben!
Sie haben Ihre Arbeit nicht vollständig gemacht!
Ihr Kind schaut mich so böse an!
Sie haben doch einen Vogel!
Sie haben ja schon wieder Urlaub!
Ihr Auto ist verdreckt!
Ihr Humor ist mir zu dreckig!
Ziehen Sie nicht immer die Nase hoch!
Das Buch ist zu dick!
Der Preis ist zu hoch!

Anhang 2 zur Spielekiste: Gefühle zeigen

freudig
traurig
ärgerlich
angeekelt
amüsiert
überrascht
ängstlich
aufgeregt
panisch
hektisch
missmutig
euphorisch
arrogant
schüchtern
stark

Es war ein Sonnenuntergang, so schön und romantisch, wie sie ihn schon seit der Trennung von ihrem ersten Mann nicht mehr erlebt hatte.
Die Transaktion erfordert das ganze Geschick des Bankmanagers, der sich nicht blamieren, aber auch nicht noch mehr unterordnen wollte.
Wenn Sie den Deckel geöffnet haben, sollten Sie einen Schritt zurücktreten und tief Luft holen.
Horch, wer kommt von draußen rein. Es wird doch nicht der Frühling sein?
Die Vögel sitzen in dieser Jahreszeit in großen Gruppen zusammen und brüten ihre Jungen aus.
Den Anordnungen des Schaffners ist Folge zu leisten.
Wenn Sie das Konto eröffnen, sollten Sie vorher auch das Kleingedruckte lesen.
Vielen Dank für Ihren Freistellungsauftrag. Es fehlen noch wichtige Angaben.
So einfach geht's: Vorteils-Coupon einlösen und zusätzlich punkten.
Bitte beachten Sie, dass wir eingeschweißte oder versiegelte Datenträger sowie Software nur in der Einschweißfolie bzw. mit unbeschädigtem Siegel zurücknehmen.
Die Humorforschung hat in den letzten Jahren ernsthafte Fortschritte gemacht.
Die Forschung hat den letzten Jahren ernsthafte Fortschritte gemacht.
Die Kinder gingen zur Schule und aßen unterwegs schon mal ihr Pausenbrot.
Er erinnerte sich an seine Jugend und kaufte sich rote Rosen.
Nehmen Sie drei Löffel Zucker, einen halben Liter Milch, geröstete Mandeln und saure Äpfel.

Literatur

Abel MH. Humor, stress, and coping strategies. Humor 2002; 15: 365–81.

Adler B, Feinman J. Woody Allen: Clown prince of American humor. Wellington: Pinnacle Books 1976.

Allport G. Pattern and Growth in Personality. New York: Holt, Rinehart & Winston 1961.

Bekoff M, Byers J. Animal play: evolutionary, comparative, and ecological perspectives. Cambridge University Press 1998.

Blank AM, Tweedale M, Cappelli M, Ryback D. Influence of trait anxiety on perception of humor. Percept Mot Skills 1983; 57(1): 103–6.

Bozikas VP, Kosmidis MH, Giannakou M, Anezoulaki D, Petrikis P, Fokas K et al. Humor appreciation deficit in schizophrenia: The relevance of basic neurocognitive functioning. J Nerv Ment Dis 2007; 195(4): 325–31.

Brutsche M, Grossman P, Müller R, Wiegand J, Pello, Baty F et al. Impact of laughter on air trapping in severe chronic obstructive lung disease. Int J Chron Obstruct Pulmon Dis 2008; 3(1): 185–92.

Cabell JB. The Silver Stallion. New York: McBride & Co. 1926.

Cann A, Calhoun LG. Perceived personality associations with differences in sense of humor: Stereotypes of hypothetical others with high or low senses of humor. Humor: 2001; 14: 117–30.

Carnegie D. How to stop worrying and start living. New York: Pocket Books 2004.

Colby FM. Imaginary Obligations. North Stratford: Ayer Company Publishers 1904.

Corcoran R, Cahill C, Frith CD. The appreciation of visual jokes in people with schizophrenia: a study of ›mentalizing‹ ability. Schizophr Res 1997; 24(3): 319–27.

Corr T. The 2,320 Funniest Quotes: The Most Hilarious Quips and One-Liners from Allgreatquotes.com. Berkeley, CA: Ulysses Press 2011.

Crawford SA, Caltabiano NJ. Promoting emotional well-being through the use of humour. J Pos Psychol 2011; 6: 237–52.

Deaner S, McConatha J. The relation of humor to depression and personality. Psychol Rep 1993; 72(3 Pt 1): 755–63.

Ellis A. Reason and emotion in psychotherapy. New York: Stuart 1962.

Fagen R. Animal play behavior. New York: Oxford University Press 1981.

Falkenberg I, Bartels M, Wild B. Keep smiling! Facial reactions to emotional stimuli and their relationship to emotional contagion in patients with schizophrenia. Eur Arch Psychiatry Clin Neurosci 2008; 258(4): 245–53.

Falkenberg I, Buchkremer G, Bartels M, Wild B. Implementation of a manual-based training of humor abilities in patients with depression: A pilot study. Psychiatry Res 2011; 186(2–3): 454–7.

Falkenberg I, Klügel K, Bartels M, Wild B. Sense of humor in patients with schizophrenia. Schizophr Res 2007; 95(1–3): 259–61.

Ford TE, Ferguson MA, Brooks JL, Hagadone KM. Coping sense of humor reduces effects of stereotype threat on women's math performance. Pers Soc Psychol Bull 2004; 30(5): 643–53.

Freiheit SR, Overholser JC, Lehnert KL. The association between humor and depression in adolescent psychiatric inpatients and high school students. J Adolesc Res 1998; 13(19): 32–48.

Gale SH. Encyclopedia of American humorists. (Garland Reference Library of the Humanities). Florence, KY: Taylor & Francis 1988.

Gelkopf M, Gonen B, Kurs R, Melamed Y, Bleich A. The effect of humorous movies on inpatients with chronic schizophrenia. J Nerv Ment Dis 2006; 194(11): 880–3.

Gelkopf M, Sigal M, Kramer R. Therapeutic use of humor to improve social support in an institutionalized schizophrenic inpatient community. J Soc Psychol 1994; 134(2): 175–82.

Goldstein JH, Mantell M, Pope B, Derks P. Humor and the coronary-prone behavior pattern. Curr Psychol 1988; 7(2): 115–21.

Greengross G, Miller GF. Dissing oneself versus dissing rivals: Effects of status, personality, and sex on the short-term and long-term attractiveness of self-deprecating and other-deprecating humor. Evol Psychol 2008; 6(3): 393–408.

Gross JJ, Muñoz RF. Emotion regulation and mental health. Clin Psychol Sci Pract 1995; 2(2): 151–64.

Gunderson AL. A comparison of the effect of two humor programs on self-reported coping capabilities and pain among the elderly. Unveröffentlichte Masterarbeit, Montclair State University, New Jersey 1998.

Haltenhof H, Krakow K, Zöfel P, Ulm G, Bühler KE. Krankheitsverarbeitung bei Morbus Parkinson. Nervenarzt 2000; 71: 275–81.

Hänni B. Humor mit betagten Menschen – ein Praxisbeispiel. In: Wild B (Hrsg). Humor in der Psychiatrie und Psychotherapie. Neurobiologie, Methoden, Praxis. Stuttgart: Schattauer 2012; 91–8.

Hayashi K, Hayashi T, Iwanaga S, Kawai K, Ishii H, Shoji S et al. Laughter lowered the increase in postprandial blood glucose. Diabetes Care 2003; 26(5): 1651–2.

Hayashi T, Urayama O, Hori M, Sakamoto S, Nasir U, Iwanaga S et al. Laughter modulates prorenin receptor gene expression in patients with type 2 diabetes. J Psychosom Res 2007; 62(6): 703–6.

Hehl FJ Humor in Therapie und Beratung. Kröning: Asanger 2004.

Hehl FJ, Ruch W. The location of sense of humor within comprehensive personality spaces: An exploratory study. Personality and Individual Differences 1985; 6(6): 703–15.

Hirsch RD. Humor in der Behandlung von alten kranken Menschen. In: Wild B (Hrsg). Humor in der Psychiatrie und Psychotherapie. Neurobiologie, Methoden, Praxis. Stuttgart: Schattauer 2012; 233–52.

Hirsch RD, Bruder J, Radebold H (Hrsg). Heiterkeit und Humor im Alter. Stuttgart: Kohlhammer 2001.

Hirsch R, Junglas K, Konradt B, Jonitz MF. Humortherapie bei alten Menschen mit einer Depression. Z Gerontol Geriatr 2010; 43: 42–52.

Ishigami S, Nakajima A, Tanno M, Matsuzaki T, Suzuki H, Yoshino S. Effects of mirthful laughter on growth hormone, IGF-1 and substance P in patients with rheumatoid arthritis. Clin Exp Rheumatol 2005; 23(5): 651–7.

Johnstone K, Schreyer C, Schreyer P. Theaterspiele. Spontaneität, Improvisation und Theatersport. Berlin: Alexander-Verl. 1998.

Kimata H. Effect of viewing a humorous vs. nonhumorous film on bronchial responsiveness in patients with bronchial asthma. Physiol Behav 2004a; 81(4): 681–4.

Kimata H. Differential effects of laughter on allergen-specific immunoglobulin and neurotrophin levels in tears. Percept Mot Skills 2004b; 98(3 Pt 1): 901–8.

Kranzhoff EU, Hirsch RD. Humor in der Gerontopsychiatrischen Klinik: Ergebnisse einer therapiebegleitenden Studie. In: Hirsch RD et al (Hrsg). Heiterkeit und Humor im Alter. Stuttgart: Kohlhammer 2001.

Kring AM, Neale JM. Do schizophrenic patients show a disjunctive relationship among expressive, experiential, and psychophysiological components of emotion? J Abnorm Psychol 1996; 105(2): 249–57.

Kuiper NA, Martin RA, Olinger LJ. Coping humour, stress, and cognitive appraisals. Can J Behav Sci 1993; 25(1): 81–96.

Lambert MJ. Implications of outcome research for psychotherapy integration. In: Garfield SL, Bergen AE (Hrsg). Handbook of psychotherapy integration. New York: Basic Books 1992; 94–129.

Lauer H (Hrsg). Da ist Humor im Spiel. Spiele von Querdenkern für Quertreiber. München: HumorCare Deutschland 2004.

Lefcourt HM, Martin RA. Humor and life stress: Antidote to adversity. New York: Springer 1986.

Leise CM. The correlation between humor and the chronic pain of arthritis. J Holist Nurs 1993; 11(1): 82–95.

Levine J, Redlich FC. Intellectual and emotional factors in the appreciation of humor. J Gen Psychol 1960; 62: 25–35.

Lutz R. Kleine Schule des Genießens. PiD – Psychotherapie im Dialog 2002; 3: 179–83.

Marcus NN. Treating those who fail to take themselves seriously: pathological aspects of humor. Am J Psychother 1990; 44(3): 423–32.

Marjoram D, Tansley H, Miller P, MacIntyre D, Owens D, Johnstone E et al. A theory of mind investigation into the appreciation of visual jokes in schizophrenia. BMC Psychiatry 2005; 5: 12.

Martin RA. The situational humor response questionnaire (SHRQ) and coping humor scale (CHS): A decade of research findings. Humor: 1996; 9: 251–72.

Martin RA. Humor, laughter, and physical health: Methodological issues and research findings. Psychol Bull 2001; 127(4): 504–19.

Martin RA. Sense of humor. In: Lopez SJ, Snyder CR (Hrsg). Positive psychological assessment: A handbook of models and measures. Washington, DC: American Psychological Association 2003; 313–26.

Martin RA. The psychology of humor: An integrative approach. Waltham, Mass: Academic Press 2007.

Martin RA, Kuiper NA. Daily occurrence of laughter: Relationships with age, gender, and Type A personality. Humor 1999; 12: 355–84.

Matsuzaki T, Nakajima A, Ishigami S, Tanno M, Yoshino S. Mirthful laughter differentially affects serum pro- and anti-inflammatory cytokine levels depending on the level of disease activity in patients with rheumatoid arthritis. Rheumatology (Oxford) 2006; 452: 182–6.

McGhee P. Health, Healing and the Amuse System. Humor as Survival Training. Dubuque, IA: Kendall Hunt Publishing Company 1996.

McGhee P. Humor as Survival Training for a Stressed-Out World: The 7 Humor Habits Program. Bloomington, IN: AuthorHouse; 2010a.

McGhee P. Humor: The Lighter Path to Resilience and Health. AuthorHouse; 2010b.

McGhee P. Humor als Coping-Strategie: Das 7-Humor-Habits-Trainingsprogramm. In: Wild B (Hrsg). Humor in der Psychiatrie und Psychotherapie. Neurobiologie, Methoden, Praxis. Stuttgart: Schattauer 2012; 197–217.

Mergl R, Vogel M, Mavrogiorgou P, Göbel C, Zaudig M, Hegerl U et al. Kinematical analysis of emotionally induced facial expressions in patients with obsessive-compulsive disorder. Psychol Med 2003; 33(8): 1453–62.

Miller M, Mangano C, Park Y, Goel R, Plotnick GD, Vogel RA. Impact of cinematic viewing on endothelial function. Heart 2006; 92(2): 261–2.

Minden P. Humor as the focal point of treatment for forensic psychiatric patients. Holist Nurs Pract 2002; 16(4): 75–86.

Nasir UM, Iwanaga S, Nabi AHMN, Urayama O, Hayashi K, Hayashi T et al. Laughter therapy modulates the parameters of renin-angiotensin system in patients with type 2 diabetes. Int J Mol Med 2005; 16(6): 1077–81.

Nevo O, Aharonson H, Klingman A. The development and evaluation of a systematic program for improving sense of humor. In: Ruch W (Hrsg). The sense of humor: Explorations of a personality characteristic. Berlin, New York: Mouton de Gruyter 1998; 385–404.

Niebuhr R. The Essential Reinhold Niebuhr: Selected Essays and Addresses. New Haven, CT: Yale University Press 1987.

Nussbaum K, Michaux WW. Response to humor in depression: A predictor and evaluator of patient change? Psychiatr Q 1963; 37: 527–39.

Osgood C. Funny Letters from Famous People. New York: Broadway Books 2004.

Pérez-Barbería FJ, Shultz S, Dunbar RIM. Evidence for coevolution of sociality and relative brain size in three orders of mammals. Evolution 2007; 61(12): 2811–21.

Peterson C. The future of optimism. Am Psychol 2000; 55(1): 44–55.

Polimeni JO, Campbell DW, Gill D, Sawatzky BL, Reiss JP. Diminished humour perception in schizophrenia: Relationship to social and cognitive functioning. J Psychiatr Res 2010; 44(7): 434–40.

Provine RR, Fischer KR. Laughing, smiling, and talking: Relation to sleeping and social context in humans. Ethology 1989; 83: 295–305.

Reddemann L. Einige Überlegungen zur Psychohygiene und Burnout-Prophylaxe von TraumatherapeutInnen. Erfahrungen und Hypothesen. ZPPM 2003; 1: 79–85.

Regan PC, Joshi A. Ideal partner preferences among adolescents. Soc Behav Pers 2003; 31(1): 13–20.

Richman J. Jokes as a projective technique: The humor of psychiatric patients. American journal of psychotherapy 1996

Rogers W. Illiterate Digest. Whitefish, MT: Kessinger Publishing 2003.

Ruch W. Assessment of appreciation of humor: Studies with the 3 WD humor test. Advances in personality assessment 1992; 9: 27–75.

Ruch W. Exhilaration and humor. In: Lewis M, Haviland JM (Hrsg). Handbook of emotions. New York: Guilford Publications 1993; 605–16.

Ruch W. The sense of humor: Explorations of a personality characteristic. Berlin: Mouton de Gruyter; 1998.

Ruch W, Köhler G. A temperament approach to humor. In: W. Ruch (Ed.), The sense of humor: Explorations of a personality characteristic. Berlin: Mouton de Gruyter 2007; 203–30.

Ruch W, Proyer RT. Who fears being laughed at? The location of gelotophobia in the Eysenckian PEN-model of personality. Personality and Individual Differences 2009; 46(5/6): 627–30.

Rusch S, Stolz H. Ist Sinn für Humor lernbar? Eine Anwendung und Evaluation des 8 Stufen Programms (McGhee 1999). Unveröffentlichte Litentiatsarbeit. Zürich: Universität Zürich 2009.

Sachsse U. Humor ist, wenn man trotzdem lacht. Galgenhumor in der Behandlung von Menschen mit komplexen Traumafolgestörungen. In: Wild B (Hrsg). Humor in der Psychiatrie und Psychotherapie. Neurobiologie, Methoden, Praxis. Stuttgart: Schattauer 2012; 121–33.

Sakamoto S, Nameta K, Kawasaki T, Yamashita K, Shlmizu A. Polygraphic evaluation of laughing and smiling in schizophrenic and depressive patients. Percept Mot Skills 1997; 85(3 Pt 2): 1291–302.

Samson AC, Hegenloh M. Stimulus characteristics affect humor processing in individuals with Asperger syndrome. J Autism Dev Disord 2010; 40(4): 438–47.

Sass H, Wittchen HU, Zaudig M, Houben I. Diagnostisches und statistisches Manual psychischer Störungen DSM-IV-TR. Göttingen Bern Toronto: Hogrefe 2003.

Sassenrath S. Humor und Lachen als Stressbewältigungsstrategie. Wien: Universität Wien, Fakultät für Humanwissenschaften 2001.

Scherer U, Scherer KR. Emotionale Reagibilität, Bewältigungsstrategien und Alkoholismus. In: Perez M, Heim E (Hrsg). Krankheitsverarbeitung. Göttingen: Hogrefe 1994.

Schmitt N. Patients' perception of laughter in a rehabilitation hospital. Rehabil Nurs 1990; 15(3): 143–6.

Shiota MN, Campos B, Keltner D, Hertenstein MJ. Positive emotion and the regulation of interpersonal relationships. In: Philippot P, Feldman RS (Hrsg). The regulation of emotion. Mahwah, NJ: Erlbaum 2004; 127–55.

Steptoe A, Wardle J, Vinck J, Tuomisto M, Holte A, Wichstr L. Personality and attitudinal correlates of healthy and unhealthy lifestyles in young adults. Psychol Health 1994; 9(5): 331–43.

Strick M, Holland RW, van Baaren RB, van Knippenberg A. Finding comfort in a joke: Consolatory effects of humor through cognitive distraction. Emotion 2009; 9(49): 574–8.

Svebak S, Götestam KG, Jensen EN. The significance of sense of humor, life regard, and stressors for bodily complaints among high school students. Humor 2004; 17: 67–83.

Szabo A, Ainsworth SE, Danks PK. Experimental comparison of the psychological benefits of aerobic exercise, humor, and music. Humor 2005; 18: 235–46.

Tan S, Tan L, Lukman S, Berk L. Humor, as an adjunct therapy in cardiac rehabilitation, attenuates catecholamines and myocardial infarction recurrence. Adv Mind Body Med 2007; 22(3–4): 8–12.

Thorson J, Powell FC. Depression and sense of humor. Psychol Rep 1994; 75(3f): 1473–4.

Titze M. Wie therapeutisch sind Lachgruppen? In: Wild B (Hrsg). Humor in der Psychiatrie und Psychotherapie. Neurobiologie, Methoden, Praxis. Stuttgart: Schattauer 2011; 253–72.

Titze M, Patsch I. Die Humor-Strategie. Auf verblüffende Art Konflikte lösen. München: Kösel 2012.

Todosijević B, Ljubinković S, Arančić A. Mate selection criteria: A trait desirability assessment study of sex differences in Serbia. Evol Psychol 2003; 1: 116–26.

Toro-Morn M, Sprecher S. A cross-cultural comparison of mate preferences among university students: The United States vs. the People's Republic of China. J Comp Fam Stud 2003; 34: 151–70.

Tracht, C. Mut zur Improvisation! Ungewöhnliche Tools für Beratung und Coaching. München: Humorcare Deutschland Verlag 2006.

Uekermann J, Channon S, Lehmkämper C, Abdel-Hamid M, Vollmoeller W, Daum I. Theory of mind, humour processing and executive functioning in alcoholism. Addiction 2007; 102(2): 232–40.

Uekermann J, Channon S, Winkel K, Schlebusch P, Daum I. Executive function, mentalizing and humor in major depression. J Int Neuropsychol Soc 2008; 14(1): 55–62.

Ventis WL, Higbee G, Murdock SA. Using humor in systematic desensitization to reduce fear. J Gen Psychol 2001; 128(2): 241–53.

Vlachopoulos C, Xaplanteris P, Alexopoulos N, Aznaouridis K, Vasiliadou C, Baou K et al. Divergent effects of laughter and mental stress on arterial stiffness and central hemodynamics. Psychosom Med 2009; 71(4): 446–53.

Wallenwein G. Spiele: Der Punkt auf dem i: Kreative Übungen zum Lernen mit Spaß. Weinheim: Beltz 2003.

Walter M et al. Humour therapy in patients with late-life depression or Alzheimer's disease: a pilot study. Int J Geriatr Psychiatry 2007; 22(1): 77–83.

Wickberg D. The senses of humor: Self and laughter in modern America. Ithaca, NY: Cornell University Press 1998.

Wild B. Humor und Gehirn. Z Gerontol Geriatr 2010; 43: 31–5.

Wild B. (Hrsg). Humor in Psychiatrie und Psychotherapie: Neurobiologie, Methoden, Praxis. Stuttgart: Schattauer 2011.

Wild B, Erb M, Bartels M. Are emotions contagious? Evoked emotions while viewing emotionally expressive faces: quality, quantity, time course and gender differences. Psychiatry Res 2001; 102(2): 109–24.

Wild B, Wetzel P, Gottwald U, Buchkremer G, Wormstall H. Clowns in der Psychiatrie? Nervenarzt 2007; 78: 571–4.

Wilde O. The Importance of Being Earnest and Other Plays. London: Penguin Books LTD. 2000.

Wilde O. Ernst sein ist alles. Eine heitere Komödie für ernsthafte Leute. Berlin: Aufbau 2002.

Wolfenstein M, Dundes A. Children's humor: A psychological analysis. Glencoe, IL: Free Press of Glencoe 1954.
Yoshino S, Fujimori J, Kohda M. Effects of mirthful laughter on neuroendocrine and immune systems in patients with rheumatoid arthritis. J. Rheumatol 1996; 23(4): 793–4.
Ziv A. Teaching and learning with humor: Experiment and replication. J Exp Educ 1988: 5–15.
Zweyer K, Velker B, Ruch W. Do cheerfulness, exhilaration, and humor production moderate pain tolerance? A FACS study. Humor 2004; 17: 85–119.

Internetlinks

Unter folgenden Links finden Sie Beispiele für Cartoons als Anschauungsmaterial:
http://www.querbilder.de/index.html
http://www.vogelwuid-cartoons.de/
http://www.nichtlustig.de/main.html
http://www.ulistein.de/cartoons-taeglich-neu-humor.html
http://www.lustigebilder.org/
http://forum.chip.de/funtalk/lustige-bilder-1491358.html

Psychiatrie & Psychotherapie bei Schattauer

Barbara Wild (Hrsg.)
Humor in Psychiatrie und Psychotherapie
Neurobiologie – Methoden – Praxis

- **Vielfältig:** Wissenschaftler und Praktiker aus unterschiedlichsten Therapiebereichen und -schulen
- **Umfangreich:** Theoretische Hintergründe, humorbezogene Techniken, Humortraining
- **Persönlich:** Individuelle und praktische Erfahrungen der Autoren zum psychotherapeutischen Umgang mit Humor

Mit einem Geleitwort von Otto F. Kernberg

2012. 336 Seiten, 68 Abb., 8 Tab., geb.
€ 39,95 (D) / € 41,10 (A)
ISBN 978-3-7945-2796-0

Wie wäre unser Leben ohne Humor? Ganz klar: langweiliger und schwieriger. Aber wie steht es mit Therapie und Humor? Diese Fragestellung beleuchten im vorliegenden Buch namhafte Autorinnen und Autoren aus den unterschiedlichsten Blickrichtungen: aus Sicht von Verhaltenstherapie und Tiefenpsychologie, Hypnotherapie und Provokativem Stil®, Kunsttherapie und Neurobiologie.

Wie Humor und Lachen trainierbar sind, was Humor als Charaktermerkmal bedeutet, wie Ironie funktioniert, ob psychische Erkrankungen den Humor beeinträchtigen und ob es Unterschiede im Humor bei Kindern und alten Menschen gibt, sind weitere Themen des Buches.

Dem Leser gibt dieses „Humorkochbuch" viele Anregungen für die praktische Arbeit mit Patienten: Wie vermittelt man therapeutische Einsichten mit Humor? Lässt sich ein humorvoller Umgang des Patienten mit seinen Problemen fördern? Was bedeutet es, wenn Patienten Witze machen? Wann geht man mit Witzen den Problemen aus dem Weg und wann ist Lachen erlaubt?

Aus dem Inhalt

Humor und Charakter | Humor im Hirn oder: Wo ist denn das Humorzentrum? | Humor, Gesundheit und psychische Erkrankungen – ein Beipackzettel | Psychotherapie mit Humor bei Kindern und Jugendlichen | Humor in der tiefenpsychologischen Psychotherapie | Humortraining mit psychiatrischen Patienten | Wie therapeutisch sind Lachgruppen? | Das Glück des Stolperns. Professionelle Clowns und Humor in Kinderkliniken und Pflegeheimen

Schattauer www.schattauer.de

Neue Medien bei Schattauer

**Die „Visitenkarte"
der Psychoanalyse**

Otto F. Kernberg
Einführung in die Psychoanalyse
Die Kernberg-Vorlesung

Ein Film von Peter Zagermann

- **Einmalig:** Einstündige Live-Vorlesung über die Grundlagen der Psychoanalyse
- **Einzigartig:** Präsentiert vom Nestor der internationalen Psychoanalyse – Prof. Otto F. Kernberg
- **Mehrsprachig:** Deutsche, englische und spanische Vorlesung auf einer DVD
- **Plus:** Umfangreiches Booklet

2012. DVD, 60 Min. Spieldauer, Sprachen: Deutsch, Englisch, Spanisch
€ 34,95 (D/A) | ISBN 978-3-7945-5175-0

Achtsam leben – was bewirkt das?

Martin Bohus, Martina Wolf-Arehult
Achtsamkeit
Schritte zu seelischer Gesundheit

- **Wirkungsvolle Übungen**, effektive Anleitungen, hilfreiche Einsichten
- **Fundiert** und von Experten entwickelt
- **Plus Hintergrundwissen:** Online-Zugang zu Info- und Arbeitsblättern

2011. 2 Audio-CDs in Brilliantbox mit 16-seitigem Booklet. 71 Min.
€ 19,95 (D/A) | ISBN 978-3-7945-5185-9

Mentale Kraft entfalten – innere Ruhe und Balance finden

Ina Hullmann
Mit Leichtigkeit leben – Basismeditationen

- **Seriös:** Wissenschaftlich fundierte Meditation mit Hypnose-Elementen, frei von Esoterik
- **Unterbewusst:** Wirkung wie im Schlaf – auch ohne konzentriertes Zuhören
- **Ergänzend:** Erweitern Sie Techniken aus dem Buch „How to coach"

2012. Audio-CD in Jewelbox mit 4-seitigem Booklet.
€ 39,95 (D/A) | ISBN 978-3-7945-5190-3

Schattauer   www.schattauer.de

Schattauer — Wissen & Leben
Herausgegeben von Wulf Bertram

- **Namhafte Autoren**
- **Anspruchsvolle Themen**
- **Unterhaltsame Wissenschaft**

Jürgen G. Meyer
Darwin, Mendel, Lamarck & Co.
Die Partitur der Evolution zum Homo sapiens

2012. 312 Seiten, 7 Abb., kart.
€ 19,95 (D) / € 20,60 (A) | ISBN 978-3-7945-2911-7

Der epochale Evolutionsdisput im Club der toten Gelehrten – lebensnah, locker und amüsant zugleich.

Thomas Bergner
Unsere Gefühle
Die Sprache des Selbst

2012. 300 Seiten, 10 Abb., kart.
€ 19,95 (D) / € 20,60 (A) | ISBN 978-3-7945-2916-2

Einsicht in die Welt der Gefühle bekommen und die Gefühle verstehen und effektiv nutzen.

Manfred Spitzer
Imitieren, Kommunizieren, Korrumpieren
Das (un)soziale Gehirn

2012. 240 Seiten, 60 Abb., 10 Tab., kart.
€ 19,95 (D) / € 20,60 (A) | ISBN 978-3-7945-2918-6

Soziale Neurowissenschaft für Einsteiger

Manfred Spitzer
Nichtstun, Flirten, Küssen
und andere Leistungen des Gehirns

2012. 348 Seiten, 77 Abb., 10 Tab., kart.
€ 19,95 (D) / € 20,60 (A) | ISBN 978-3-7945-2856-1

21 neue Spitzer-Essays – für die Pausen zwischen Flirten, Küssen und Nichtstun!

Schattauer www.schattauer.de